Gestión del Talento Humano

"El trayecto hacia las organizaciones inteligentes"

Dr. Juan Fernando Guzmán Cuevas

CMG Ediciones Literarias 2026

Copyright © 2023 Juan Fernando Guzmán Cuevas

ISBN: 9798859937004

PRÓLOGO

En el desafiante mundo de los negocios y la organización, navegar por las aguas de la gestión del talento es esencial para el éxito. Desde las empresas más grandes hasta los proyectos más pequeños, los principios de la gestión del capital humano son los cimientos sobre los cuales se construyen los logros duraderos. En este libro, mi querido amigo y coach, Juan Fernando Guzmán nos guía a través de un viaje educativo y esclarecedor que nos revela las esencias de la administración y gestión del talento en sus formas más básicas, pero al mismo tiempo poderosas.

En estas páginas, el lector encontrará una invaluable colección de conceptos, enfoques y estrategias que abarcan desde la planificación y la organización hasta el liderazgo y la toma de decisiones. Juan con su profundo conocimiento y experiencia, ha tejido una narrativa que desmitifica la complejidad de la gestión del talento, al tiempo que revela su verdadero poder para transformar empresas y carreras.

Este libro es mucho más que una guía teórica; es un recurso práctico de la esencia de la gestión del talento y la presenta de manera asequible y comprensible. Juan nos lleva de la mano a través de ejemplos claros y enriquecedoras que ilustran cómo los principios del desarrollo de las personas cobran vida en el mundo de las organizaciones.

Al adentrarse en estas páginas, los lectores descubrirán no solo las herramientas necesarias para tomar decisiones informadas y estratégicas, sino también la inspiración para abrazar el papel de líderes y gestores en sus propias vidas profesionales. Guzmán nos recuerda que la gestión no es solo un conjunto de técnicas, sino una mentalidad, una forma de abordar los desafíos con visión y determinación.

Este libro es un tributo al poder del conocimiento compartido y a la dedicación de Juan para enriquecer las vidas de quienes buscan comprender y aplicar los principios de la gestión del capital humano. Estoy seguro de que, al sumergirse en estas páginas, los lectores encontrarán no solo un mentor en las palabras de Juan sino también un compañero en el emocionante viaje en la iniciación de la vida de la gestión y los negocios.

Con gratitud,

Pía Coppa Olivares.

Máster en Dirección de Personas y Organizaciones /Universidad Adolfo Ibáñez

Académico "Liderazgo basado en valores" y "Gestión del talento humano" / Universidad Finis Terrae"

CONTENIDO

DEDICATORIA

**Dedicado a todos los que buscan
"Dejar el mundo mejor que como lo encontramos"** ®

AGRADECIMIENTOS

Quiero agradecer a mis alumnos por incentivar e impulsar la creación de este libro, a mi familia por ser incondicionales a mi trabajo a mi pasión y a mi estudio y a CMG Consultores® quienes son un motor para el desarrollo de la gestión estratégica de personas en las organizaciones

INTRODUCCIÓN

En la actualidad, nos encontramos inmersos en una era de transformaciones profundas y aceleradas, marcada por el vertiginoso avance tecnológico y una población de consumidores que, gracias a la accesibilidad de la información, se ha convertido en una audiencia más informada y, por consiguiente, más exigente en sus demandas y expectativas.

No es suficiente, en este panorama, contar únicamente con los recursos financieros necesarios para emprender proyectos, implementar novedosas tecnologías o reunir equipos humanos y materiales de calidad. Si aspiramos no solo a subsistir, sino a destacar en la prestación de servicios, resulta imperativo desarrollar una capacidad de adaptación sobresaliente por parte de la organización. Esta capacidad no solo radica en la habilidad de enfrentar cambios, sino en la destreza para abrazarlos y capitalizarlos en beneficio propio.

La información que fluye constantemente del entorno se convierte en un recurso invaluable en este escenario. Aprovecharla de manera efectiva se vuelve una herramienta esencial para la toma de decisiones acertadas y la identificación de oportunidades emergentes. En este sentido, la adaptación se convierte en una sinfonía donde cada nota de conocimiento adquiere un papel clave en la composición de la estrategia global de la organización.

Surge así un desafío sin precedentes: abordar los mercados con un enfoque fresco y renovado en términos de dirección y gestión. Ante la dinámica actual, las prácticas tradicionales de gestión pueden resultar obsoletas y limitantes. Se hace necesario adoptar conceptos de dirección que estén en sintonía con la agilidad que el entorno demanda. La rigidez da paso a la flexibilidad, la jerarquía cede terreno a la colaboración, y la adaptabilidad se erige como un pilar fundamental.

La modernización de sistemas se convierte en un eje central en este proceso de transformación. La tecnología no solo brinda herramientas para optimizar procesos, sino que también permite innovar en la forma en que se abordan los retos y se interactúa con los consumidores. La automatización inteligente, la analítica de datos y la inteligencia artificial se convierten en aliados estratégicos para comprender las tendencias del mercado y las preferencias del consumidor, lo que a su vez permite ajustar estrategias con mayor precisión.

Esta revolución en la dirección y en los sistemas se refleja también en la reestructuración de las organizaciones. Las estructuras jerárquicas y rígidas dan paso a modelos más flexibles y descentralizados. La toma de decisiones ya no se encuentra concentrada en la cima de la pirámide organizacional, sino que se dispersa en equipos multifuncionales empoderados para actuar con autonomía y rapidez.

En definitiva, estamos en la encrucijada de cambiar fundamentalmente nuestra concepción del trabajo y la organización. La adaptación ya no es una opción, sino un imperativo para no solo sobrevivir, sino prosperar en un entorno tan dinámico y competitivo. La capacidad de absorber el conocimiento que emana del medio, transformarlo en acción y moldear una dirección moderna y eficaz, marcará la diferencia entre el éxito y el estancamiento en esta emocionante era de cambios.

En las páginas de este libro, se despliega con armoniosa claridad un camino hacia el entendimiento profundo de cómo alcanzar la excelencia en la gestión del talento humano. Este viaje de conocimiento abraza la transición histórica desde los albores de la revolución industrial hasta los días que hoy nos envuelven, revelando la constante evolución de la relación entre las organizaciones y su activo más preciado: las personas.

Cual faro en la noche, este libro surge en respuesta a la necesidad palpable de mis alumnos, ansiosos por desentrañar los secretos de la gestión del talento humano. Les brinda una guía serena, una brújula confiable que les orienta con destreza en este terreno en constante cambio. Aquí encontrarán el espacio para disfrutar del aprendizaje y sumergirse en su estudio con deleite.

Así que, con la certeza de que cada página es un paso hacia la comprensión más profunda, los invito a sumergirse en estas palabras con entusiasmo y mente abierta. Que este libro sea la llave que desbloquee el tesoro del entendimiento en la gestión del talento humano, un tesoro que enriquecerá su conocimiento y les guiará en su trayectoria hacia la maestría en este apasionante campo.

GESTIÓN DEL TALENTO HUMANO
SUS ORÍGENES

La gestión del talento humano ha evolucionado significativamente a lo largo de la historia y se ha convertido en un diferenciador clave para cualquier empresa. Desde una perspectiva sistémica, esta función se enfoca en aprovechar el potencial y las habilidades de los empleados para lograr los objetivos organizacionales de manera eficiente y efectiva. A lo largo del tiempo, han surgido diferentes enfoques y procesos para administrar el talento humano, y actualmente se integran los cinco subsistemas de recursos humanos para lograr una gestión integral:

1. **Organización del Trabajo:** Este subsistema se enfoca en definir que deben hacer cada uno en la organización, describir y analizar los cargos y sus funciones creando perfiles que se adapten a lo que la organización requiere.

2. **Gestión del Empleo:** este subsistema se enfoca en reclutar y seleccionar a los candidatos más adecuados para ocupar las posiciones vacantes dentro de la empresa. Involucra procesos de búsqueda, evaluación y contratación de nuevos empleados, buscando personas con habilidades, conocimientos y actitudes que se alineen con la cultura y los valores de la organización.

3. **Gestión del Rendimiento:** Este subsistema se enfoca en la gestión del desempeño, este subsistema busca medir y evaluar el rendimiento de los empleados de manera objetiva y justa. Se desarrollaron metas claras y se realizaron evaluaciones periódicas para proporcionar retroalimentación, identificar áreas de mejora y reconocer los logros alcanzados.

4. **Gestión del Desarrollo:** Este subsistema se enfoca en el desarrollo de talento La capacitación y el desarrollo de habilidades son esenciales para mejorar el rendimiento y el crecimiento tanto individual como colectivo. Las empresas invierten en programas de formación y desarrollo para mejorar las competencias de sus empleados, preparándolos para asumir roles más desafiantes y responsabilidades mayores.

5. **Gestión de la Compensación:** Compensación y beneficios: La remuneración y los incentivos son elementos clave para atraer y retener talento. Este subsistema se enfoca en diseñar sistemas de compensación justos y competitivos que motiven a los empleados a rendir al máximo de sus capacidades.

El talento como diferenciador de cualquier empresa apoya la cultura y el ambiente laboral la cual influyen en el compromiso y la satisfacción de los empleados. Se concentra en crear una cultura organizacional positiva y en mantener un clima laboral saludable, fomentando el trabajo en equipo, la comunicación efectiva y el sentido de pertenencia.

En conjunto, estos subsistemas de recursos humanos forman un sistema integral que permite gestionar el talento humano de manera estratégica, adaptándose a las necesidades cambiantes de la empresa y del entorno. Una gestión del talento efectivo se traduce en una ventaja competitiva, ya que una fuerza laboral comprometida y motivada impulsa el éxito y el crecimiento sostenible de la organización en el mercado.

Un poco de Historia

Lo que primero debemos enfocarnos es en entender como ha ido evolucionando la administración del recurso humano hasta llegar a lo que hoy denominamos gestión del talento, si bien es cierto podríamos enfocarnos a los principios de la era terrestre, el mejor parámetro, para comenzar a entender los orígenes de la administración de personas es la revolución industrial.

La Revolución Industrial fue un período de profundos cambios socioeconómicos y tecnológicos que tuvo lugar en Europa y América del Norte entre finales del siglo XVIII y mediados del siglo XIX. Este proceso revolucionario transformó la producción y el trabajo, dando lugar a la aparición de nuevas industrias y tecnologías que reemplazaron los métodos de producción tradicionales.

Desarrollo de la Revolución Industrial:

1. Orígenes: La Revolución Industrial tuvo sus inicios en Gran Bretaña, donde se dieron una serie de factores que impulsaron el cambio, como la acumulación de capital a través del comercio, la disponibilidad de recursos naturales, el crecimiento demográfico y el avance tecnológico.

2. Máquina a vapor: Uno de los elementos clave de la Revolución Industrial fue la invención y perfeccionamiento de la máquina de vapor por James Watt en 1781. Esta máquina fue esencial para impulsar la industria y las fábricas, permitiendo una mayor producción y eficiencia en la manufactura.

3. Textil y manufactura: La industria textil fue una de las primeras en beneficiarse de la Revolución Industrial. Nuevas máquinas y procesos, como el telar mecánico y la hiladora de vapor, aumentaron significativamente la

producción y redujeron los costos, lo que llevó a la expansión de esta industria.

4. Transporte: La construcción de canales y la mejora de las redes de transporte, especialmente el ferrocarril, permitieron un flujo más rápido y eficiente de mercancías, lo que facilitó la distribución de productos y el acceso a nuevos mercados.

5. Urbanización: La Revolución Industrial atrajo a muchas personas del campo a las ciudades en busca de empleo en las fábricas. Esto llevó a un rápido crecimiento de las ciudades y a la formación de barrios industriales, pero también dio lugar a condiciones de vida precarias para los trabajadores.

Sin duda este profundo proceso social, económico y político, otorgó cimientos de lo que sería la organización del recurso humano y nos da los primeros fundamentos para la importancia en las organizaciones de la administración de personas y del recurso humano.

Importancia para el desarrollo de la Administración de Personas y Recursos Humanos:

1. Organización del trabajo: Con el crecimiento de las fábricas y la producción a gran escala, surgió la necesidad de una gestión más eficiente de los trabajadores. Se empezaron a aplicar principios de organización del trabajo, como la división del trabajo y la especialización de tareas, para aumentar la productividad y la eficiencia.

2. Jerarquía y supervisión: Con la creciente complejidad de las empresas industriales, surgió una estructura jerárquica más definida. Se establecieron niveles de supervisión para coordinar y controlar el trabajo de los empleados.

3. Relaciones laborales: La Revolución Industrial también dio lugar a la formación de sindicatos y la lucha por los derechos laborales. Los trabajadores buscaban mejorar sus condiciones de trabajo y salarios a través de la negociación colectiva con los empleadores.

4. Gestión del talento: Con la creciente demanda de trabajadores para las fábricas, la gestión del talento se convirtió en un desafío importante. Las empresas necesitaban atraer, seleccionar y retener a los trabajadores adecuados para sus operaciones.

5. Desarrollo de políticas laborales: La necesidad de una gestión más eficiente de los recursos humanos llevó al desarrollo de políticas laborales y procedimientos para abordar temas como el ausentismo, la puntualidad, la disciplina y la capacitación.

6. Cambios en la cultura organizacional: La llegada de la

Revolución Industrial, provocó cambios significativos en la cultura organizacional. Los valores tradicionales y el trabajo artesanal fueron reemplazados por la eficiencia, la producción en masa y la búsqueda de beneficios.

En resumen, la Revolución Industrial tuvo un impacto trascendental en la forma en que se gestionan las personas y los recursos humanos en las empresas. La necesidad de una gestión más eficiente y productiva de los trabajadores condujo al desarrollo de nuevas prácticas y enfoques en la administración de personas, sentando las bases para el desarrollo posterior de la disciplina de Recursos Humanos tal como la conocemos hoy en día.

La administración científica, como la conocemos hoy, y el estudio de las organizaciones tiene sus orígenes en varios académicos y empresarios que fueron evolucionando en sus posturas y pensamientos para dar las bases de lo que hoy llamamos gestión del talento, repasemos la evolución de ese pensamiento, que sin duda es nuestro elemento integrador para reconocer las características de los procesos de recursos humano como un sistema integrador y funcional

Historia de la Administración Científica:

A finales del siglo XIX y principios del XX, la industria estadounidense se enfrentó a desafíos relacionados con la eficiencia y la productividad. **Frederick Taylor**, un ingeniero y economista, demostró que la forma en que se realizaron las tareas en las fábricas era en gran medida ineficiente. Los trabajadores realizaron sus labores según su propio criterio, lo que tuvo variaciones en la calidad y cantidad de producción.

En 1903, Taylor publicó su obra más destacada, "Principios de la Administración Científica", en la que presentó los fundamentos de su enfoque. Sus ideas sentaron las bases de la Administración Científica y provocaron una revolución en la gestión de empresas y la organización del trabajo.

Procesos de la Administración Científica:

Estudio de tiempos y movimientos: Uno de los principales enfoques de la Administración Científica fue el estudio riguroso de los movimientos realizados por los trabajadores al ejecutar una tarea específica. Taylor y sus colaboradores analizaron cada movimiento y tiempo empleado para realizar una tarea con el fin de eliminar movimientos necesarios y optimizar la secuencia de actividades.

División del trabajo: La Administración Científica abogaba por una división del trabajo más especializada. Taylor argumentaba que al asignar tareas específicas a cada trabajador y entrenarlos en esas tareas, se aumentaría la eficiencia y se reducirían los tiempos de producción.

Estandarización de métodos: Una vez que se identificaron los métodos más eficientes para llevar a cabo una tarea, estos se estandarizaron en toda la organización. De esta manera, todos los empleados realizaron las tareas de la misma manera, lo que facilitó la supervisión y mejora continua.

Selección científica de personal: Taylor creía en la importancia de seleccionar a los empleados adecuados para cada tarea. Esto implicaba analizar las habilidades y aptitudes de los trabajadores para asignarles las tareas más adecuadas en función de sus capacidades.

Incentivos salariales: Taylor propone un sistema de incentivos salariales basado en el rendimiento. La idea era que los trabajadores que produjeran más o más eficientes recibirían salarios más altos, lo que serviría como motivación para mejorar su desempeño.

Supervisión y capacitación: La Administración Científica requería una supervisión cercana por parte de los gerentes para asegurarse de que se siguieran los métodos y estándares establecidos. Además, se debe ofrecer capacitación a los colaboradores para que puedan mejorar sus habilidades y adaptar a los nuevos métodos de trabajo.

La Administración Científica tuvo un impacto significativo en la industria y sentó las bases para la gestión moderna. Sin embargo, también recibió críticas, ya que algunos mejoraron que el enfoque excesivamente mecanicista y la excesiva división del trabajo pudieron reducir la satisfacción de los empleados y la creatividad en el trabajo. A pesar de esto, muchos de los principios de la Administración Científica siguen siendo relevantes en la actualidad y han sido la base de otras teorías y enfoques de gestión.

Dentro del campo de la administración científica también debemos destacar a **Henry Fayol.**

Henry Fayol fue un ingeniero destacado y teórico de la administración nacido en Francia en 1841 y fallecido en 1925. Es conocido por sus contribuciones al campo de la gestión y la administración, así como por la formulación de los 14 principios de la administración.

Henry Fayol nació en una familia acomodada y recibió una educación en ingeniería en Francia. A lo largo de su carrera, ocupó varios cargos de alta dirección en la industria minera y siderúrgica. Su experiencia en la gestión y administración de empresas lo llevó a desarrollar teorías y principios que ayudarían a mejorar la eficiencia y eficacia de las organizaciones.

Procesos y etapas de desarrollo:

Experiencia laboral: Fayol adquirió una valiosa experiencia trabajando en diferentes niveles jerárquicos dentro de la empresa, lo que le permitió observar y comprender los desafíos de la gestión.

Publicación de "Administración Industrial y General" (1916): Esta obra escrita por Fayol se considera uno de los textos más destacados en el campo de la administración. En este libro, presentó sus teorías y principios de gestión basados en su experiencia y observaciones.

Formulación de los 14 principios de la administración: A través de su trabajo y análisis, Fayol desarrolló un conjunto de principios que modificaron fundamentales para una administración efectiva. Estos principios ofrecen directrices para la gestión y se han convertido en una base importante para la teoría administrativa moderna.

Los 14 principios de la administración de Fayol son los siguientes:

1. División del trabajo: Especializar las tareas y responsabilidades para aumentar la eficiencia y la productividad.
2. Autoridad y responsabilidad: La autoridad y responsabilidad deben estar equilibradas en la jerarquía organizacional.
3. Disciplina: Los empleados deben respetar las reglas y acuerdos establecidos.
4. Unidad de mando: Cada empleado debe recibir órdenes de un solo superior para evitar confusiones.
5. Unidad de dirección: Todos los miembros de una organización deben trabajar hacia los mismos objetivos comunes.
6. Subordinación del interés individual al interés general: Los intereses personales deben ceder ante los intereses de la organización.
7. Remuneración: Los empleados deben recibir una compensación justa y adecuada por su trabajo.
8. Centralización: La centralización o descentralización del poder debe basarse en las necesidades de la organización.
9. Jerarquía: La cadena de mando debe ser clara para establecer líneas claras de autoridad.

10. Orden: Los recursos y el personal deben organizarse de manera óptima para lograr los objetivos de la empresa.

11. Equidad: La justicia y la equidad deben prevalecer en las relaciones laborales.

12. Estabilidad del personal: Se debe buscar la estabilidad y la retención del personal para minimizar la rotación y los costos asociados.

13. Iniciativa: Se debe fomentar y permitir que los empleados muestren iniciativa y creatividad.

14. Espíritu de equipo: Se debe promover el trabajo en equipo y la colaboración entre los empleados.

Estos principios se han convertido en fundamentos esenciales para la gestión y la administración moderna y han influido en la teoría y la práctica administrativa en todo el mundo. La obra de Fayol sigue siendo estudiada y valorada por su relevancia en la gestión de organizaciones.

Otro aporte a la evolución de la administración de recursos humanos, para entender la gestión del talento humano, sin duda, es Douglas McGregor, quien aportó una visión teórica del comportamiento de los trabajadores en las organizaciones.

Douglas McGregor, un psicólogo y teórico de la administración, contribuyó significativamente a la comprensión de la administración científica y la administración de recursos humanos mediante la introducción de las teorías X e Y. Estas teorías describen dos enfoques diferentes sobre cómo los gerentes perciben y tratan a sus empleados. A continuación, se describen los aportes de McGregor a ambas áreas:

Teoría X: McGregor identificó que algunos gerentes tienden a tener una visión negativa de sus empleados. Bajo la Teoría X, se asume que los trabajadores son inherentemente perezosos, evitan el trabajo siempre que pueden y necesitan una supervisión constante para lograr los objetivos. Los gerentes que siguen la Teoría X a menudo aplican un estilo de gestión autoritario y coercitivo.

Teoría Y: En contraste, la Teoría Y sugiere que los empleados pueden ser intrínsecamente motivados y autónomos. Según esta perspectiva, los trabajadores buscan responsabilidad y desafío en su trabajo, y su potencial puede ser liberado si se les brinda la oportunidad de contribuir y participar en la toma de decisiones. Los gerentes que aplican la Teoría Y tienden a adoptar un enfoque más participativo y empoderado con sus equipos.

Participación y Empoderamiento: Según McGregor, la participación y el empoderamiento de los empleados son fundamentales para mejorar el rendimiento y el compromiso en el trabajo. Al dar a los empleados la oportunidad de tomar decisiones y tener control sobre su trabajo, se fomenta una mayor responsabilidad y satisfacción laboral.

Reconocimiento de la Diversidad: McGregor enfatizó que los empleados son individuos con diferentes habilidades, necesidades y deseos. Los gerentes deben adaptar su estilo de liderazgo para abordar estas diferencias y lograr un mejor ajuste entre las capacidades de los empleados y las tareas que realizan.

Desarrollo de Habilidades: El enfoque de recursos humanos de McGregor destacó la importancia de invertir en el desarrollo de habilidades y el crecimiento profesional de los empleados. Al proporcionar oportunidades de capacitación y desarrollo, las organizaciones pueden mejorar el desempeño de sus trabajadores y retener el talento.

En resumen, los aportes de Douglas McGregor a la administración científica y la administración de recursos humanos radican en su introducción de las teorías X e Y. Estas teorías han sido fundamentales para comprender cómo las percepciones de los gerentes sobre sus empleados pueden influir en su enfoque de liderazgo y en la productividad y el compromiso general de la fuerza laboral.

A lo largo de la historia, se han desarrollado diferentes enfoques y teorías que han contribuido al desarrollo y evolución de estas disciplinas. Dos de los enfoques más relevantes son el enfoque de relaciones humanas y el enfoque de contingencias. A continuación, se detalla la importancia e historia de cada uno de ellos:

Enfoque de Relaciones Humanas: El enfoque de relaciones humanas surgió como una respuesta crítica al enfoque tradicional de la administración, conocido como el enfoque clásico, que se basaba en la teoría de la administración científica de Frederick Taylor y la teoría de la administración general de Henry Fayol.

Estos enfoques clásicos se centraban en la eficiencia y la estructura organizacional, pero dejaban de lado el factor humano.

El enfoque de relaciones humanas comenzó a ganar relevancia a partir de la década de 1930, con estudios como el famoso Experimento Hawthorne realizado por Elton Mayo y su equipo. Este estudio mostró que las condiciones laborales y la satisfacción de los trabajadores tenían un impacto significativo en su productividad y rendimiento. A raíz de este descubrimiento, se reconoció la importancia de comprender y atender las necesidades y motivaciones de los empleados para mejorar su desempeño y bienestar.

Este enfoque destacó la importancia de la comunicación, el liderazgo participativo, la formación y el desarrollo de los empleados, así como el fomento de un ambiente de trabajo favorable. Se buscó crear relaciones de confianza y respeto entre los gerentes y los empleados, lo que se tradujo en una mayor satisfacción laboral y un mejor desempeño en general.

Enfoque de Contingencias: El enfoque de contingencias se desarrolló en la década de 1960 y fue una respuesta a las críticas al enfoque de relaciones humanas, que algunos consideraban como demasiado simplista y poco aplicable a diferentes situaciones organizacionales. La premisa básica de este enfoque es que no existe una única forma correcta de administrar el talento humano, sino que las estrategias y prácticas deben adaptarse a las contingencias y circunstancias específicas de cada organización.

La teoría de contingencias destaca la importancia de analizar el contexto y los factores externos e internos que pueden influir en la gestión de personas. Esto incluye elementos como la cultura organizacional, el tamaño de la empresa, la tecnología utilizada, el entorno económico, la estructura jerárquica y otros aspectos relevantes.

En este enfoque, se reconoce que las prácticas de gestión del talento humano deben ser flexibles y ajustables para adaptarse a las cambiantes condiciones y demandas del entorno. Por lo tanto, no existe una solución única para todos los problemas, sino que se deben buscar soluciones específicas para cada situación particular.

Importancia para el desarrollo y evolución de la administración de personas y la gestión del talento humano: Tanto el enfoque de relaciones humanas como el enfoque de contingencias han sido fundamentales para el desarrollo y evolución de la administración de personas y la gestión del talento humano en las organizaciones.

El enfoque de relaciones humanas permitió un cambio significativo en la forma en que se concebía a los empleados dentro de las empresas. Se reconoció la importancia de su bienestar y satisfacción para alcanzar los objetivos organizacionales. Esto llevó a un mayor enfoque en la motivación, el trabajo en equipo, el liderazgo efectivo y la comunicación abierta.

Por su parte, el enfoque de contingencias introdujo la noción de que las estrategias y prácticas de gestión del talento humano deben ajustarse a las particularidades de cada organización. Se dejó atrás la idea de una única receta universal y se adoptó una perspectiva más flexible y adaptable, que toma en cuenta el contexto específico de cada empresa.

En conjunto, estos enfoques han contribuido a una gestión más efectiva de los recursos humanos, promoviendo la retención del talento, el desarrollo de habilidades y competencias, la mejora del clima laboral y, en última instancia, el logro de los objetivos organizacionales.

Tanto el enfoque de relaciones humanas como el enfoque de contingencias han sido cruciales para el desarrollo y evolución de la administración de personas y la gestión del talento humano. Estos enfoques han proporcionado herramientas y perspectivas valiosas que han permitido mejorar la eficiencia, productividad y bienestar tanto de los empleados como de las organizaciones en su conjunto.

Para entender un poco más cómo se gestó este enfoque, debemos conocer el anteriormente mencionado experimento de las luces. **El experimento de las luces (Experimento Hawthorne)** fue un punto de inflexión en la evolución de la administración de personal y la gestión del talento humano. Su impacto se tradujo en un mayor enfoque en el factor humano, la participación de los trabajadores, la motivación y el reconocimiento, aspectos que siguen siendo fundamentales en la gestión moderna de recursos humanos.

El experimento de las luces, también conocido como el Experimento Hawthorne, es uno de los estudios más famosos y significativos en el campo de la administración y la gestión del talento humano. Fue realizado en la década de 1920 y principios de la década de 1930 en la fábrica de Western Electric en Hawthorne, Chicago, Estados Unidos, bajo la dirección de Elton Mayo y su equipo de investigadores.

El objetivo inicial del experimento era estudiar el impacto de la iluminación en la productividad de los trabajadores. Se realizaron diferentes pruebas, variando la intensidad de la iluminación en el área de trabajo de un grupo de empleados, esperando encontrar una correlación directa entre el nivel de iluminación y la eficiencia laboral. Sin embargo, los resultados iniciales no mostraron una relación clara entre la luz y la productividad.

En un giro sorprendente, los investigadores notaron que la productividad de los empleados aumentaba tanto cuando la intensidad de la luz se incrementaba como cuando se reducía. Este fenómeno se conoció como el "efecto Hawthorne" y puso de manifiesto que había factores más complejos que influyen en la productividad de los trabajadores, que van más allá de las condiciones físicas del ambiente laboral.

A partir de estos hallazgos, los investigadores comenzaron a explorar otros elementos que podrían influir en la productividad y bienestar de los empleados. Se llevaron a cabo más estudios y se descubrió que aspectos como la participación de los trabajadores en la toma de decisiones, la calidad de las relaciones laborales, el reconocimiento y la atención a las necesidades sociales y psicológicas de los empleados tenían un impacto significativo en su desempeño y motivación.

El experimento de las luces y sus conclusiones posteriores contribuyeron de manera importante a la evolución de la administración de personal y la gestión del talento. Aquí algunas de las razones:

1. **Enfoque en el factor humano:** El estudio resaltó la importancia de comprender y atender las necesidades, inquietudes y motivaciones de los empleados. Se reconoció que el bienestar y la satisfacción de los trabajadores tienen un impacto directo en su desempeño y rendimiento laboral.

2. **Liderazgo y participación:** Se destacó la relevancia de un liderazgo participativo y una comunicación efectiva entre los gerentes y los empleados. La participación de los trabajadores en la toma de decisiones fue considerada como una forma de empoderarlos y aumentar su compromiso con la organización.

3. **Motivación y reconocimiento:** El estudio resaltó la importancia de reconocer y recompensar el esfuerzo y el buen desempeño de los empleados. Se observó que el reconocimiento y la valoración del trabajo realizado tenían un impacto positivo en su nivel de motivación.

4. **Cambio en la perspectiva de gestión:** A partir de los resultados del experimento, la gestión del talento humano comenzó a considerar a los empleados como individuos con necesidades y emociones, en lugar de simplemente como recursos productivos. Esto dio lugar a un cambio en la forma de abordar la administración de personal, centrándose más en el desarrollo y bienestar de los empleados.

La teoría de Maslow ofrece una valiosa perspectiva para entender las necesidades humanas y su jerarquía en el contexto de las organizaciones. Al aplicar esta teoría en la gestión del talento humano, las empresas pueden crear ambientes laborales más satisfactorios y propicios para el crecimiento personal y profesional de sus empleados, lo que se traduce en un mayor compromiso y productividad en el trabajo.

La teoría de Maslow, también conocida como la **jerarquía de necesidades de Maslow**, fue propuesta por el psicólogo Abraham Maslow en 1943. Esta teoría se centra en las necesidades humanas y cómo estas se organizan en una jerarquía de niveles, donde las necesidades básicas deben satisfacerse antes de que surjan necesidades más elevadas.

La jerarquía de necesidades de Maslow se estructura en cinco niveles, que se representan en forma de una pirámide, de la base a la cúspide:

1. Necesidades fisiológicas: En la base de la pirámide se encuentran las necesidades más fundamentales para la supervivencia, como alimentación, agua, refugio, sueño y otras necesidades biológicas.

2. Necesidades de seguridad: Una vez satisfechas las necesidades fisiológicas, las personas buscan sentirse seguras y protegidas en su entorno, tanto física como emocionalmente. Esto incluye seguridad laboral, estabilidad financiera, salud, y un ambiente libre de amenazas.

3. Necesidades sociales o de pertenencia: Después de satisfacer las necesidades de seguridad, las personas buscan establecer relaciones sociales significativas, sentirse

parte de una comunidad, y experimentar el amor y la amistad.

4. Necesidades de estima: Una vez satisfechas las necesidades sociales, las personas buscan el reconocimiento, la valoración y el respeto de los demás. También incluye el desarrollo de una autoestima positiva y la confianza en uno mismo.

5. Necesidades de autorrealización: En la cima de la pirámide se encuentran las necesidades de autorrealización, que se refieren al deseo de alcanzar el máximo potencial personal, desarrollar talentos y habilidades, y encontrar un propósito significativo en la vida.

Implicancia en entender las organizaciones:

La teoría de Maslow tiene implicaciones significativas en la comprensión de las organizaciones y en la gestión del talento humano. Algunas de estas implicaciones son las siguientes:

1. **Diseño de políticas y programas de recursos humanos:** Las organizaciones pueden utilizar la jerarquía de necesidades de Maslow para diseñar políticas y programas que satisfagan las necesidades de los empleados en diferentes niveles. Por ejemplo, pueden asegurarse de proporcionar un entorno de trabajo seguro, brindar oportunidades de desarrollo profesional y fomentar la creación de un ambiente socialmente satisfactorio para los empleados.

2. **Motivación y productividad:** Comprender la jerarquía de necesidades de Maslow puede ayudar a los líderes y gerentes a identificar qué necesidades están insatisfechas en sus empleados y cómo pueden abordarlas para aumentar la motivación y la productividad. Al enfocarse en

satisfacer las necesidades más básicas, se crea una base sólida para fomentar el desarrollo y crecimiento personal en el ámbito laboral.

3. **Desarrollo profesional y liderazgo:** La teoría de Maslow sugiere que una vez que las necesidades básicas están satisfechas, las personas buscarán el crecimiento personal y la autorrealización. Las organizaciones pueden utilizar esto para promover el desarrollo profesional de sus empleados y ofrecer oportunidades de liderazgo que les permitan alcanzar su máximo potencial.

4. **Clima laboral y bienestar:** Satisfacer las necesidades sociales y emocionales de los empleados puede tener un impacto positivo en el clima laboral y el bienestar general de la organización. Un ambiente de trabajo donde se fomenten las relaciones sociales positivas y se brinde apoyo emocional puede contribuir a un mayor compromiso y satisfacción de los empleados.

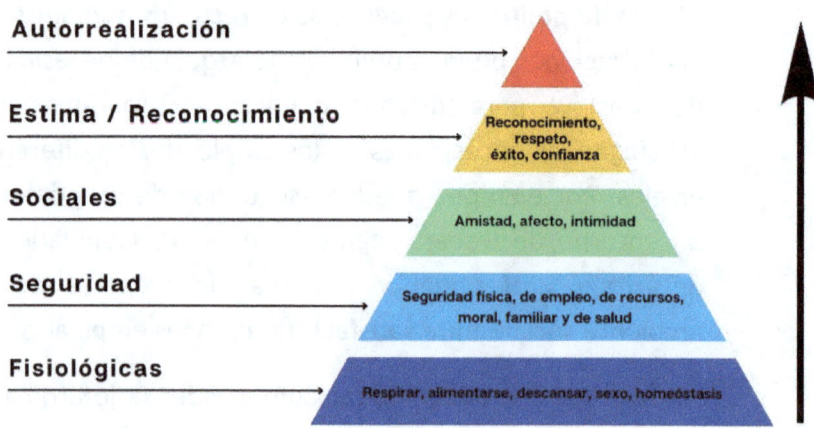

Teoría de Herzberg:

La teoría de Maslow aborda las necesidades humanas en general y cómo estas necesidades motivan el comportamiento en diversas situaciones de la vida. Mientras que la teoría de Herzberg se enfoca en identificar factores específicos del entorno laboral que influyen en la satisfacción y la motivación en el trabajo

Frederick Herzberg fue un psicólogo que desarrolló la Teoría de los Dos Factores, también conocida como la Teoría de la Motivación e Higiene, en la década de 1950. Esta teoría se enfoca en identificar los factores que influyen en la satisfacción laboral y la insatisfacción en el entorno de trabajo. Según Herzberg, existen dos tipos de factores que afectan la motivación y la satisfacción en el trabajo:

1. **Factores higiénicos:** Estos factores están relacionados con el ambiente laboral y las condiciones en las que se realiza el trabajo. Incluyen el salario, las políticas de la empresa, la calidad de la supervisión, las relaciones con los compañeros de trabajo, las condiciones físicas del trabajo, entre otros. La ausencia de estos factores puede causar insatisfacción en el trabajo, pero su presencia no necesariamente conduce a la motivación o satisfacción a largo plazo.

2. **Factores motivacionales:** Estos factores están relacionados con la naturaleza del trabajo en sí mismo y su impacto en el sentido de logro y crecimiento personal. Incluyen el reconocimiento, la responsabilidad, el avance profesional, la tarea en sí misma y la posibilidad de crecimiento y desarrollo. La presencia de estos factores puede conducir a la motivación y satisfacción en el trabajo.

La Teoría de Herzberg sugiere que los factores higiénicos son necesarios para evitar la insatisfacción en el trabajo, pero no son

suficientes para mantener una alta motivación y satisfacción a largo plazo.

Para lograr un alto nivel de satisfacción laboral, es esencial que los factores motivacionales también estén presentes y sean atendidos.

Semejanzas

1. Enfoque en la motivación: Tanto la teoría de Herzberg como la de Maslow se centran en entender los factores que influyen en la motivación de las personas, aunque abordan aspectos diferentes.

2. Importancia del contexto laboral: Ambas teorías reconocen la importancia del contexto laboral en la satisfacción y la motivación. Herzberg lo hace a través de los factores higiénicos, mientras que Maslow considera que las necesidades fisiológicas y de seguridad son fundamentales para satisfacer antes de abordar las necesidades más elevadas.

3. Reconocimiento de múltiples factores: Tanto Herzberg como Maslow reconocen que la motivación y la satisfacción en el trabajo están influenciadas por múltiples factores y no pueden reducirse a una sola causa.

Diferencias:

1. Naturaleza de los factores: La principal diferencia radica en la naturaleza de los factores que influyen en la motivación. Herzberg se centra en factores específicos del entorno laboral (higiénicos y motivacionales), mientras que Maslow propone una jerarquía de necesidades humanas que abarca aspectos más amplios, incluyendo necesidades fisiológicas, de seguridad, sociales, de estima y de autorrealización.

2. Enfoque individual vs. entorno laboral: La teoría de Maslow se enfoca en las necesidades individuales y cómo estas influyen en la motivación general de una persona, mientras que Herzberg se centra específicamente en los factores laborales que afectan la satisfacción y la insatisfacción en el trabajo.

3. Aplicabilidad: La Teoría de Herzberg tiene una aplicación más directa en el ámbito laboral, ya que identifica los factores clave que afectan la satisfacción en el trabajo. En cambio, la teoría de Maslow es más amplia y se aplica tanto en contextos laborales como en otras áreas de la psicología y el desarrollo humano.

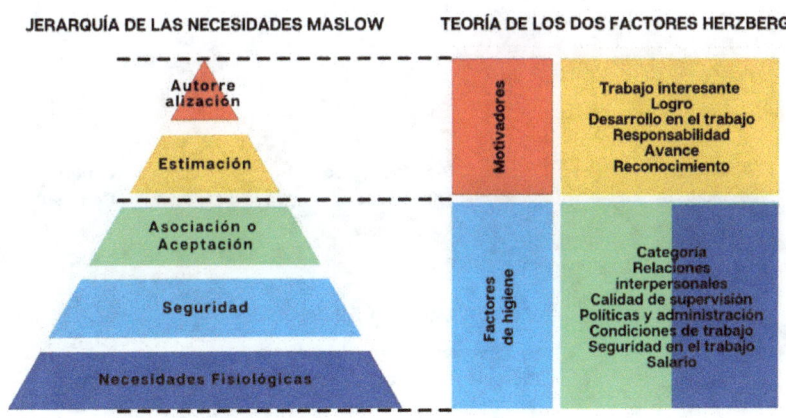

(Relación de teoría de necesidades de Maslow y de los factores de Herzberg)

Sistema de Gestión del Talento Humano

Al revisar la historia nos hemos podido dar cuenta que el proceso no ha sido fácil y que se ha pasado por muchas instancias y desarrollo del conocimiento para poder llegar a entender al sistema de personas como un real sistema. Dicho sistema contiene un proceso de entrada y salida, que se nutre por un lado de centros de educación y del mercado en edad de trabajo.

Las personas entran al sistema y el área de personas debe administrar su relación con la organización para lograr que sean productivos eficientes, se sientan recompensados por la labor efectuada y encajen en la línea organizacional fomentando la eficiencia y efectividad personal y de equipos, al cumplir su vida útil laboral, este sistema los egresa de la organización y del sistema de personal, dando fin a una etapa productiva.

En el grafico a continuación se observa dicho proceso como una caja sistémica de entrada, proceso y salida.

Modelo de sistema de personas (2008)
Académico Juan Fernando Guzmán Cuevas

Este espacio sistémico genera que el área de personas sea visto también en sí mismo como un sistema de personal, que agrupa cinco subsistemas que hacen efectivo el accionar de del área de recursos humanos. Estos son:

1. **Organización del trabajo**

2. **Gestión del empleo**

3. **Gestión del rendimiento**

4. **Gestión del desarrollo**

5. **Gestión de la compensación**

Modelo Integrado de gestión del empleo y Recursos Humanos

Gestión del Talento Humano

La gestión del talento humano afecta significativamente cada uno de los subsistemas de personal. Al invertir en la atracción, desarrollo y retención del talento, las organizaciones pueden mejorar su desempeño, aumentar la satisfacción de los empleados y, en última instancia, lograr una ventaja competitiva en el mercado. Mas adelante veremos cómo se logra esto, que implica y cuáles son las acciones necesarias. La gestión del talento humano es de suma importancia para los cinco subsistemas de personal dentro de una organización, ya que influye de manera significativa en su rendimiento y éxito general.

El Director de Gestión de Personas es un líder estratégico encargado de coordinar y desarrollar actividades relacionadas con el talento humano en la empresa.

Su papel se extiende desde la búsqueda y selección de nuevos integrantes hasta el desarrollo profesional, la evaluación del desempeño, la compensación y las relaciones laborales.

En colaboración con la alta dirección, traza el curso para satisfacer las necesidades futuras de personal y cultivar una cultura organizacional enriquecedora. Su objetivo es asegurar que la empresa cuente con individuos competentes y motivados, contribuyendo así a la consecución de metas corporativas y al bienestar colectivo de la organización.

Sus funciones incluyen:

- **Planificación de recursos humanos**: Componer estrategias para colmar las necesidades presentes y futuras de personal en la empresa.

- **Reclutamiento y selección**: Dirigir el proceso de búsqueda, selección y acogida de nuevos miembros de la sinfonía laboral.

- **Desarrollo y formación**: Componer programas de capacitación y desarrollo para afinar las habilidades y competencias del personal.

- **Evaluación del desempeño**: Implementar sistemas de evaluación y armonización para medir la ejecución de los empleados.

- **Compensación y beneficios**: Administrar políticas de retribución y reconocimiento para garantizar la equidad y retención del talento.

- **Gestión del talento**: Identificar y afinar a los empleados con un potencial virtuoso para desempeñar roles clave en la organización.

- **Relaciones laborales**: Mantener una comunicación en armonía con los empleados y resolver posibles disonancias laborales.

- **Cumplimiento legal**: Garantizar que las prácticas de recursos humanos estén en consonancia con las leyes y regulaciones laborales.

- **Cultura y ambiente organizacional**: Fomentar una cultura empresarial armónica y un ambiente laboral armonioso.

- **Análisis de datos**: Utilizar datos y métricas para tomar decisiones afinadas en la gestión de personas.

Entre sus responsabilidades se incluyen dirigir y afinar el equipo de recursos humanos, colaborar en sintonía con la alta dirección para alinear la estrategia de gestión de personas con los objetivos organizacionales, y promover la diversidad e inclusión en el lugar de trabajo.

Además, debe mantenerse al día de las nuevas tendencias del área y de las mejores prácticas en la gestión de recursos humanos, promover iniciativas que cuiden el bienestar y desarrollo del personal. También se espera que sea un virtuoso en resolver disputas laborales y manejar situaciones delicadas con empleados, representando a la empresa en asuntos laborales y de empleo.

Para ejecutar su papel con maestría, debe implementar políticas y procedimientos que aseguren un ambiente de trabajo seguro y respetuoso. Asimismo, debe evaluar cómo las iniciativas de recursos humanos impactan en el rendimiento y el éxito de la empresa, y mantener a la dirección al tanto del estado del capital humano y las estrategias para mejorar la gestión de personas.

En tiempos de crisis, su tarea se vuelve aún más crucial. Identificar y retener a los talentos claves se convierte en un desafío organizacional de supervivencia. Se requiere adaptar los programas de desarrollo profesional para que toquen las habilidades pertinentes y la flexibilidad necesaria. Fomentar una cultura de apoyo y resiliencia para mantener la motivación y bienestar del personal.

Implementar medidas de reducción de costos sin afectar gravemente el desarrollo y bienestar del talento se convierte en un delicado equilibrio que requiere de habilidades de dirección expertas. Potenciar el trabajo remoto y las herramientas tecnológicas para mantener la productividad y la colaboración es otra partitura importante.

Flexibilizar horarios y jornadas laborales para acoger las

necesidades personales de los empleados es una armonización necesaria. Ofrecer capacitación en nuevas habilidades o roles emergentes. Mantener canales de comunicación abiertos para recibir retroalimentación es esencial para ajustar la organización en el momento adecuado.

Usar métricas y análisis de datos para mantener una visión a largo plazo, preparando a los talentos para el crecimiento futuro una vez superada la crisis, es la clave para asegurar un futuro armónico para la organización.

Planificación de la Dirección de Personas

La Planificación de la Dirección de Personas es el proceso estratégico que las organizaciones implementan para anticipar, identificar y satisfacer sus necesidades de talento humano. Es donde se analiza, selecciona, desarrolla y retiene a los colaboradores adecuados, asegurando que sus habilidades y competencias se alineen con la empresa.

Esta planificación debe estar siempre en constante evolución, que se adapta a medida que la organización evoluciona y se enfrenta a nuevos desafíos. Es una tarea que requiere la participación de todos los colaboradores y el compromiso de toda la organización para que se logre el propósito trazado.

Se inicia con un análisis situacional, una afinación de los sonidos internos y externos de la organización. Se definen objetivos, se establecen metas que se ajusten a la misión de la empresa y se alinean con su visión a largo plazo. Se identifican las necesidades de talento, se evalúan las habilidades requeridas y se afinan las brechas en la fuerza laboral actual.

Luego, se crea una estrategia que incluye la atracción, selección, desarrollo y retención del talento adecuado. Se asignan recursos, se distribuyen responsabilidades y se marca el tiempo para ejecutar la planeación. Se comunica la planeación y estrategia a toda la organización y se socializa profundamente con los colaboradores relevantes del equipo.

Se sigue el compás del progreso, midiendo el éxito y realizando ajustes según sea necesario para mantener la relevancia y eficacia de la planeación. Se fomenta una cultura que valore a los colaboradores, la diversidad, la inclusión y el desarrollo profesional.

Se utilizan herramientas tecnológicas y sistemas de información para mantener armonía y el ritmo adecuado. Se promueve la colaboración entre los distintos sectores de la organización para lograr una ejecución integral.

Y, como en toda planeación, se asegura de que la ésta sea lo suficientemente flexible para adaptarse a cambios en el entorno o en las necesidades del mercado y el sistema.

Formación de Personas

La formación de personas dentro del mundo de la gestión de personas es un proceso clave para desarrollar habilidades, conocimientos y competencias en los empleados, con el fin de mejorar su desempeño y alcanzar los objetivos organizacionales. Implica identificar necesidades de capacitación, diseñar programas efectivos, implementarlos de manera estratégica y evaluar sus resultados.

La formación promueve el crecimiento profesional, aumenta la productividad y la satisfacción laboral, fortaleciendo el capital humano y contribuyendo al éxito global de la empresa.

La formación es clave por varias razones:

• Mejora del desempeño: La formación proporciona a los trabajadores las habilidades y conocimientos necesarios para realizar sus tareas de manera más eficiente y efectiva, lo que aumenta la productividad y la calidad del trabajo.

• Adaptación al cambio: Mediante la formación, los empleados pueden estar preparados para enfrentar nuevos desafíos, tecnologías y metodologías, lo que permite a la empresa mantenerse competitiva en un entorno en constante evolución.

• Retención del talento: Ofrecer oportunidades de desarrollo profesional y capacitación demuestra el compromiso de la empresa con el crecimiento de sus empleados, lo que a su vez fomenta la lealtad y retención del talento.

• Mejora del clima laboral: La formación contribuye a un ambiente de trabajo positivo y motivador, ya que los empleados se sienten valorados y apreciados al invertir en su crecimiento y desarrollo.

• Reducción de errores y accidentes: La capacitación en seguridad y procedimientos reduce los riesgos de accidentes laborales y errores costosos, mejorando la seguridad y la eficiencia en el lugar de trabajo.

• Fomento de la innovación: La formación estimula la creatividad y el pensamiento innovador en los empleados, lo que puede conducir a soluciones más creativas y mejoras en los procesos empresariales.

• Cumplimiento normativo: La capacitación asegura que los trabajadores comprendan y cumplan con las regulaciones y políticas internas y externas, evitando sanciones y riesgos legales para la empresa.

Evaluación de desempeño

La evaluación de desempeño en la gestión de personas es un proceso sistemático para medir y analizar el rendimiento de los empleados en relación con los objetivos organizacionales y las competencias requeridas. Implica recopilar información sobre su trabajo, habilidades y comportamiento, para proporcionar retroalimentación constructiva, identificar fortalezas y áreas de mejora, tomar decisiones de desarrollo profesional y reconocimiento, y establecer planes de acción que impulsen el crecimiento individual y la eficiencia organizacional.

Una evaluación de desempeño efectiva es una herramienta valiosa para el desarrollo de los empleados y el éxito general de la organización, se establece mediante los siguientes parámetros:

• Definición de criterios: Establecer claramente los criterios y objetivos de evaluación, alineados con los roles y responsabilidades del empleado y los objetivos organizacionales.

• Recopilación de datos: Recolectar información sobre el rendimiento del colaborador a través de diversas fuentes, como supervisores, colegas y autoevaluaciones.

• Herramientas de evaluación: Utilizar métodos como escalas de calificación, evaluaciones 360 grados, entrevistas y retroalimentación para obtener una visión completa del desempeño.

• Feedback constructivo: Proporcionar retroalimentación clara y objetiva al colaborador, resaltando fortalezas y áreas de mejora.

• Establecer metas y planes de mejora: Identificar metas de desarrollo y crear planes de acción para mejorar el desempeño en áreas específicas.

• Reuniones de evaluación: reuniones uno a uno con los colaboradores para discutir los resultados de la evaluación y los planes de desarrollo.

• Documentación: registros de la evaluación para futuras referencias y seguimiento del progreso.

• Reconocimiento y recompensas: Reconocer y recompensar el buen desempeño para fomentar la motivación y el compromiso.

• Seguimiento continuo: Realizar evaluaciones periódicas para monitorear el progreso del colaborador y ajustar los planes de desarrollo según sea necesario.

• Utilización de resultados: Utilizar los resultados de las evaluaciones para tomar decisiones sobre promociones, bonificaciones, programas de capacitación y desarrollo de carrera.

• Transparencia y justicia: Asegurar que el proceso de evaluación sea transparente, justo y libre de sesgos o discriminación.

• Alineación con la estrategia organizacional: Garantizar que la evaluación de desempeño contribuya a los objetivos generales de la empresa y a su cultura organizacional. Otras prácticas en la dirección de personas para la gestión del talento

• Programas de desarrollo profesional: Ofrecer oportunidades de capacitación, mentoría y coaching para mejorar las habilidades y competencias de los empleados.

• Evaluaciones de desempeño regulares: Realizar revisiones periódicas para medir el rendimiento y proporcionar retroalimentación constructiva para el crecimiento profesional. •

Gestión del sucesor: Identificar y desarrollar a empleados con potencial para ocupar puestos clave en el futuro.

• Políticas de equilibrio trabajo-vida: Implementar medidas que fomenten el bienestar y la conciliación entre la vida laboral y personal de los empleados.

• Programas de reconocimiento y recompensas: Establecer incentivos para reconocer y premiar el rendimiento excepcional y el logro de objetivos.

DESCRIPCIÓN Y ANÁLISIS DE CARGOS (DAC)

Fundamentos Epistemológicos del Cargo como Unidad de Análisis

El concepto de *cargo* no es meramente administrativo; constituye una **unidad estructural de articulación entre estrategia, tecnología y conducta humana**. Desde una perspectiva epistemológica, el cargo puede entenderse como:

- Una **construcción técnico-organizacional** (enfoque clásico).

- Una **configuración socio-técnica** (enfoque sistémico).

- Un **espacio de construcción identitaria y simbólica** (enfoque socioconstructivista).

El estudio del cargo se sitúa en la intersección de:

- Teoría organizacional
- Psicología del trabajo
- Sociología del empleo
- Economía del capital humano

Así, la descripción y análisis de cargos no es un procedimiento técnico neutro, sino un dispositivo de estructuración del poder, del conocimiento y de la distribución de responsabilidades en la organización.

Diseño de cargos (antesala de la descripción)

- **Obligación** → tarea más diferenciada, más mental que física.
- **Función** → conjunto sistemático de tareas.
- **Cargo** → conjunto de funciones con posición definida en la estructura organizacional.

- Un cargo no es solo "lo que alguien hace", sino:
- Lo que hace
- Cómo lo hace
- Para quién lo hace
- A quién supervisa
- En qué nivel jerárquico está

Desde una perspectiva analítica avanzada, la descripción constituye:

La formalización estructural del contenido funcional del trabajo dentro de la arquitectura organizacional.

Incluye:

- Tareas observables
- Procesos
- Resultados esperados
- Relaciones jerárquicas

Epistemológicamente, es una representación formalizada de la división social del trabajo.

Diseñar un cargo implica definir 4 condiciones fundamentales:

1. **Qué tareas realiza** (contenido del puesto)
2. **Cómo las realiza** (métodos y procedimientos)
3. **A quién reporta** (responsabilidad)
4. **A quién supervisa** (autoridad)

Esto ya es una decisión organizacional estratégica, no solo administrativa. Importante: La responsabilidad del diseño del cargo no es solo de RR.HH., sino principalmente del área donde el cargo existe.

Descripción de Cargos (enfoque intrínseco)

La **descripción** responde a la pregunta:

¿Qué hace el ocupante del cargo?

Es un proceso que enumera:

- Tareas
- Funciones
- Responsabilidades
- Objetivos del cargo
- Métodos utilizados
- Periodicidad de actividades

Se centra en el **contenido del puesto**, no en la persona.

Elementos clave de una descripción:

1. Qué hace
2. Cuándo lo hace
3. Cómo lo hace
4. Por qué lo hace

Es una mirada estructural del trabajo.

Ejemplo conceptual:

Cargo: Analista de RR.HH.

- Recluta personal
- Aplica entrevistas
- Elabora informes
- Coordina procesos de selección
- Reporta al Jefe de RR.HH.

Eso es descripción.

Análisis de Cargos (Dimensión Extrínseca)

Aquí comienza lo más relevante.

Si la descripción mira el puesto, el **análisis mira al ocupante ideal**.

Responde a la pregunta:

¿Qué requisitos debe tener la persona para desempeñar correctamente el cargo?

El análisis estudia:

4 áreas fundamentales:

1. **Requisitos intelectuales**

   - Nivel de educación
   - Experiencia
   - Conocimientos técnicos
   - Capacidad de análisis

2. **Requisitos físicos**

   - Esfuerzo físico
   - Condiciones sensoriales
   - Coordinación

3. **Responsabilidades implícitas**

   - Manejo de dinero
   - Información confidencial
   - Supervisión de personas

4. **Condiciones de trabajo**

   - Ambiente físico
   - Riesgos
   - Horarios
   - Estrés

El análisis trasciende el contenido y se enfoca en:

- Requisitos cognitivos
- Requisitos emocionales

- Demandas físicas
- Responsabilidades implícitas
- Contexto ambiental
- Se convierte en un proceso de operacionalización del perfil de competencias.

Desde la psicología laboral, implica traducir exigencias del trabajo en variables medibles:

- Inteligencia
- Rasgos de personalidad
- Competencias
- Experiencia

Diferencias claves

Descripción	Análisis
Qué hace el cargo	Qué necesita la persona
Contenido del puesto	Perfil del ocupante
Enfoque estructural	Enfoque humano
Intrínseco	Extrínseco

La **Descripción y Análisis de Cargos es el punto técnico más importante del proceso de gestión de personas**, porque:

- Permite objetividad
- Reduce errores de contratación
- Mejora desempeño
- Apoya la planificación estratégica
- Conecta estructura con personas

En términos académicos:

Es la herramienta que traduce la estrategia organizacional en exigencias concretas de trabajo y competencias humanas.

Dimensión Jurídica y Ética

La descripción y análisis de cargos cumplen funciones normativas:

- Definen expectativas contractuales.
- Reducen arbitrariedad.
- Sustentan evaluaciones de desempeño.
- Justifican escalas salariales.

En el plano ético:

- Contribuyen a la equidad interna.
- Reducen sesgos en selección.
- Sustentan decisiones disciplinarias.

Un análisis deficiente puede generar:

- Discriminación indirecta.
- Inequidad salarial.
- Ambigüedad de rol.
- Conflicto de rol.

Relación con el Proceso de Selección

La selección es un proceso de comparación entre:

- Requerimientos del cargo (variable independiente).
- Perfil del postulante (variable dependiente).

Sin análisis de cargos:

- No existe criterio técnico.
- Aumenta la subjetividad.
- Se incrementa el error tipo I (falso positivo).

- Se incrementa el error tipo II (falso negativo).

Desde la psicometría, el análisis del cargo permite:

- Definir criterios de validez predictiva.
- Seleccionar instrumentos pertinentes.
- Garantizar confiabilidad y objetividad.

Perspectiva Contemporánea: Competencias y Complejidad

En entornos VUCA (Volatility, Uncertainty, Complexity, Ambiguity):

- Los cargos son menos rígidos.
- Aumenta la transversalidad.
- Se privilegian competencias transferibles.

Surge el enfoque por competencias:

El cargo se define no solo por tareas, sino por:

- Conocimientos (saber)
- Habilidades (saber hacer)
- Actitudes (saber ser)
- Meta-competencias (aprender a aprender)

Esto desplaza el énfasis desde tareas estáticas hacia capacidades dinámicas.

Críticas y Debates Actuales

1. **Obsolescencia de descripciones rígidas** en contextos ágiles.
2. Tensión entre formalización y flexibilidad.
3. Automatización y redefinición del trabajo humano.
4. Impacto de inteligencia artificial en rediseño de cargos.
5. Desdibujamiento de límites entre roles.

Hoy se habla más de:

- Diseño de rol.
- Diseños de trabajo.
- Diseños adaptativos.
- Equipos autogestionados.

El cargo deja de ser fijo para convertirse en una configuración evolutiva.

Impacto Psicológico y Organizacional

Un diseño inadecuado genera:

- Estrés laboral
- Burnout
- Desvinculación
- Bajo compromiso

Un diseño adecuado potencia:

- Engagement (compromiso)
- Autoeficacia
- Identificación organizacional
- Desempeño sostenible

Desde la teoría de la autodeterminación (Deci & Ryan):

El cargo debe permitir:

- Autonomía
- Competencia
- Relación

La descripción y análisis de cargos constituyen:

1. Un instrumento técnico.
2. Un mecanismo estratégico.
3. Un dispositivo de poder organizacional.
4. Un determinante psicológico.

5. Un regulador jurídico.

6. Un articulador entre estructura y conducta.

Es el proceso mediante el cual la organización traduce su lógica estratégica en configuraciones estructurales de trabajo, operacionalizando expectativas funcionales y requisitos humanos bajo criterios de eficiencia, equidad y sostenibilidad.

La descripción y análisis de cargos no deben entenderse como procedimientos administrativos, sino como:

- Fundamentos estructurales de la arquitectura organizacional.
- Condiciones necesarias para la objetividad en selección.
- Instrumentos de alineación estratégica.
- Mecanismos de regulación del poder.
- Determinantes del bienestar laboral.

En la medida en que las organizaciones evolucionan hacia modelos flexibles y basados en conocimiento, el análisis de cargos transita desde una lógica descriptiva hacia una lógica de competencias, dinámica y sistémica.

El cargo se transforma en una **unidad de implementación estratégica**. El reclutamiento y selección no comienzan buscando personas, Comienzan entendiendo el cargo.

ENTREVISTAS PARA EL DESARROLLO DEL TALENTO HUMANO

Las entrevistas son un componente crucial en el desarrollo del talento humano en cualquier organización. Estas interacciones estructuradas entre el empleador y los candidatos, o entre líderes y empleados dentro de la empresa, desempeñan un papel fundamental en varios aspectos del desarrollo y crecimiento de los recursos humanos. A continuación, se destacan algunas de las razones más importantes por las cuales las entrevistas son fundamentales para el desarrollo del talento humano:

1. **Selección de personas:** Las entrevistas de contratación son un paso fundamental en el proceso de selección de nuevos colaboradores. A través de ellas, los empleadores pueden evaluar las habilidades técnicas, competencias, experiencia y aptitudes de los candidatos para asegurarse de que sean la elección más adecuada para el puesto. Una contratación adecuada contribuye al crecimiento y éxito de la organización.

2. **Identificación del potencial y talento**: Las entrevistas también permiten a los empleadores identificar el potencial y talento oculto en los candidatos. No siempre las habilidades quedan reflejadas en un currículum, por lo que las interacciones cara a cara brindan la oportunidad de descubrir características valiosas que podrían no ser evidentes en otras etapas del proceso de selección.

3. **Evaluación de habilidades blandas**: Las habilidades blandas, como la comunicación efectiva, el trabajo en equipo, la resolución de problemas y la empatía, son vitales

en el entorno laboral. Mediante las entrevistas, los empleadores pueden evaluar estas habilidades intangibles, que son esenciales para el éxito en el trabajo y para el crecimiento personal y profesional.

4. **Retroalimentación y desarrollo**: Las entrevistas periódicas entre los líderes y los colaboradores brindan la oportunidad de proporcionar retroalimentación constructiva sobre el desempeño individual. Esta retroalimentación ayuda a los empleados a entender sus fortalezas y áreas de mejora, lo que puede guiar su desarrollo profesional y personal.

5. **Impulso a la motivación y el compromiso**: Cuando los colaboradores sienten que sus opiniones y preocupaciones son valoradas, su nivel de motivación y compromiso hacia la organización aumenta. Las entrevistas brindan una vía para que los líderes muestren interés en el crecimiento y bienestar de los empleados, lo que fomenta un ambiente laboral positivo y una mayor retención del talento.

6. **Identificación de necesidades de formación y capacitación**: A través de las entrevistas, los líderes pueden identificar las necesidades de formación y capacitación de sus colaboradores. Esto permite diseñar programas de desarrollo personalizados que mejoren las habilidades y conocimientos de los trabajadores, potenciando su desempeño y contribución a la organización.

7. **Creación de una cultura organizacional sólida:** Las entrevistas son una oportunidad para transmitir la misión, visión y valores de la organización a los colaboradores. Estos encuentros refuerzan la cultura organizacional, asegurando

que todos los miembros estén alineados con los objetivos de la empresa y trabajen hacia un propósito común.

Las entrevistas desempeñan un papel esencial en el desarrollo del talento humano al ayudar a identificar a los candidatos más adecuados, evaluar habilidades y potencial, proporcionar retroalimentación constructiva, impulsar la motivación y el compromiso, identificar necesidades de capacitación y fortalecer la cultura organizacional. Al invertir tiempo y recursos en este proceso, las organizaciones pueden cultivar un equipo talentoso y comprometido que contribuya al éxito sostenible de la empresa.

Gestión del reclutamiento

Para comenzar a comprender los tipos de entrevistas o de qué manera se podrían hacer preguntas que nos aporten a entender mejor al candidato, para posteriormente tomar la mejor decisión de reclutamiento, es necesario comenzar por hacer una impecable gestión de reclutamiento.

La gestión del reclutamiento es un conjunto de técnicas y procedimientos orientados a traer candidatos potencialmente calificados y capaces de ocupar cargos dentro de la organización. Sistema de información mediante el que se divulga y ofrece al mercado, oportunidades de empleo que pretende llenar.

La gestión de reclutamiento es un proceso fundamental para cualquier organización que busca atraer, seleccionar y contratar a los mejores talentos para cubrir sus necesidades laborales. Consiste en una serie de actividades coordinadas y estratégicas que permiten identificar candidatos potenciales, evaluar sus habilidades y competencias, y finalmente incorporarlos a la empresa en posiciones adecuadas.

- El reclutamiento exige una planeación que consta de tres fases:
  - Determinar las personas que la organización requiere
  - Determinar lo que el mercado de RH puede ofrecerle
  - Determinar las técnicas de reclutamiento por aplicar.

El proceso de gestión de reclutamiento generalmente sigue estos pasos:

1. Análisis de necesidades: El primer paso es entender las necesidades del negocio y del departamento en el que se requiere el nuevo talento. Esto implica identificar el perfil del candidato ideal, las habilidades y experiencia necesarias para el puesto vacante, así como las características culturales y valores de la empresa que se buscan en el candidato.

2. Planificación: Con base en el análisis de necesidades, se crea un plan de reclutamiento que establece las estrategias a seguir para atraer a los candidatos adecuados. Esto incluye la definición de los canales de reclutamiento a utilizar (bolsas de trabajo, redes sociales, ferias laborales, etc.), así como el presupuesto y el calendario para llevar a cabo las acciones.

3. Difusión de la oferta: En esta etapa, se promociona la oferta de empleo a través de los canales de reclutamiento definidos. El objetivo es alcanzar al máximo número de candidatos interesados en el puesto, y se pueden utilizar tanto medios tradicionales como digitales.

4. Selección de candidatos: A medida que los currículums y solicitudes de empleo llegan, se inicia el proceso de

selección. Esto puede incluir una revisión curricular, entrevistas telefónicas o virtuales, pruebas técnicas y evaluaciones de habilidades, y entrevistas presenciales.

5. Evaluación y toma de decisión: Una vez completadas las etapas de selección, se evalúan los candidatos para determinar cuál de ellos cumple con los requisitos del puesto y se ajusta mejor a la cultura de la empresa. Los responsables del reclutamiento discuten y toman la decisión final sobre qué candidato se ofrecerá el empleo.

6. Oferta de empleo: Se hace una oferta formal al candidato seleccionado, donde se detallan las condiciones de trabajo, salario, beneficios y cualquier otra información relevante. En esta etapa, también se pueden negociar los términos del contrato si es necesario.

7. Incorporación: Una vez que el candidato acepta la oferta de empleo, se inicia el proceso de incorporación a la empresa. Esto puede incluir trámites administrativos, inducción al puesto y la compañía, y la integración al equipo de trabajo.

8. Seguimiento y retención: La gestión de reclutamiento no termina con la contratación. Es importante hacer un seguimiento del desempeño del nuevo colaborador durante sus primeros meses en el cargo y brindar el apoyo necesario para facilitar su adaptación. Además, es crucial trabajar en estrategias de retención de talento para mantener a los empleados satisfechos y motivados en sus funciones.

Es necesario para lo anterior tener en consideración las fuentes del reclutamiento, ellas son:

A.- El reclutamiento interno: también conocido como promoción interna, es un proceso mediante el cual una empresa busca cubrir una posición vacante o promover a un colaborador a un puesto superior dentro de la organización utilizando los recursos humanos internos. En lugar de buscar candidatos externos, la compañía considera a sus empleados actuales para ocupar el puesto vacante o la posición de mayor responsabilidad.

Este enfoque tiene varias ventajas para la empresa:

1. Retención del talento: Fomentar el reclutamiento interno puede aumentar la satisfacción y la lealtad de los colaboradores, ya que ven oportunidades de crecimiento y desarrollo dentro de la organización.

2. Ahorro de costos: Al reclutar internamente, la empresa puede evitar costos asociados con la publicación de anuncios de trabajo, procesos de selección externos y la formación inicial de nuevos colaboradores.

3. Conocimiento y experiencia: Los colaboradores internos ya están familiarizados con la cultura organizacional, los procedimientos y los valores de la empresa, lo que puede acelerar su adaptación al nuevo rol.

4. Motivación y compromiso: Los colaboradores ven el reclutamiento interno como un reconocimiento de su trabajo y habilidades, lo que puede aumentar su motivación y compromiso con la empresa.

Sin embargo, también es importante tener en cuenta algunas **posibles desventajas:**

1. Limitación del talento: Al centrarse exclusivamente en el reclutamiento interno, la empresa podría perder oportunidades de incorporar nuevas perspectivas y habilidades que los candidatos externos podrían aportar.

2. Competencia interna: Cuando varios empleados compiten por un solo puesto, podría generar tensiones y conflictos dentro del equipo o departamento.

3. Falta de diversidad: Si el reclutamiento interno se realiza sin una estrategia adecuada, puede llevar a una falta de diversidad en la organización, lo que puede limitar la innovación y la creatividad.

B.- El reclutamiento externo: es una estrategia utilizada por las organizaciones para contratar nuevos empleados que no forman parte actualmente de su plantilla de personal. En lugar de promover o trasladar a alguien dentro de la empresa (reclutamiento interno), las organizaciones optan por buscar talento externamente para cubrir una posición vacante o para satisfacer una necesidad específica de recursos humanos.

Algunas de las principales formas de reclutamiento externo incluyen:

1. Anuncios de trabajo: Publicar ofertas de trabajo en plataformas de empleo en línea, sitios web de la empresa, periódicos, redes sociales, etc. Estos anuncios describen el

perfil del candidato deseado y las responsabilidades del puesto.

2. Ferias de empleo: Participar en eventos de reclutamiento, como ferias de empleo y eventos universitarios, donde las organizaciones tienen la oportunidad de interactuar con candidatos interesados en sus vacantes.

3. Agencias de empleo: Contratar los servicios de agencias de reclutamiento o cazatalentos que se encargan de buscar y seleccionar candidatos adecuados para la empresa.

4. Referencias de empleados: Recibir recomendaciones de colaboradores actuales que conocen a personas calificadas para las posiciones abiertas.

5. Redes profesionales: Utilizar redes profesionales, para buscar candidatos con habilidades y experiencia relevantes.

6. Headhunting: Esta técnica implica que los reclutadores busquen proactivamente candidatos altamente calificados que trabajen en otras empresas y los inviten a postularse para puestos vacantes en su organización.

Para poder seleccionar efectivamente a los mejores candidatos es necesario realizar acciones de selección que implique obtener la mejor información para adecuar las expectativas entre el candidato y la organización. Lo anterior implica tener claridad en los tipos de entrevistas que se le deben hacer al candidato.

Tipos de entrevistas existentes

En el proceso de selección de personas, existen diferentes tipos de entrevistas que se utilizan para evaluar a los candidatos y determinar si son adecuados para el puesto y la cultura de la empresa. A continuación, se presentan algunos de los tipos de entrevistas más comunes:

1. Entrevistas estructuradas: Son entrevistas en las que se sigue un guion o una lista de preguntas predeterminadas para todos los candidatos. El objetivo es hacer que el proceso sea consistente y comparar las respuestas de manera objetiva.

2. Entrevistas no estructuradas: Son entrevistas más informales y flexibles, donde el entrevistador puede adaptar las preguntas según las respuestas del candidato. Aunque permiten una mayor conversación, pueden ser menos objetivas en la evaluación.

3. Entrevistas conductuales: Se enfocan en obtener ejemplos específicos de comportamientos pasados del candidato para predecir cómo se comportará en el futuro. Las preguntas se centran en situaciones anteriores y cómo el candidato las manejó.

4. Entrevistas situacionales: En este tipo de entrevista, se plantean situaciones hipotéticas relacionadas con el trabajo y se le pide al candidato que describa cómo actuaría o resolvería el problema.

5. Entrevistas telefónicas: Se llevan a cabo por teléfono y son una forma inicial de evaluación para filtrar candidatos antes de invitarlos a una entrevista en persona.

6. Entrevistas por video: Son similares a las entrevistas en persona, pero se realizan a través de plataformas de videoconferencia, lo que permite evaluar a candidatos que no se encuentran en la misma ubicación geográfica.

7. Entrevistas en grupo: Varios candidatos son entrevistados al mismo tiempo, lo que permite al empleador observar cómo interactúan, trabajan en equipo y resuelven problemas en un entorno grupal.

8. Entrevistas individuales: Son las entrevistas estándar entre un candidato y uno o más entrevistadores, donde se evalúan las habilidades y la experiencia del candidato para el puesto.

9. Entrevistas técnicas: Están diseñadas para evaluar las habilidades técnicas y conocimientos específicos necesarios para un trabajo, especialmente comunes en industrias como la tecnología y la ingeniería.

10. Entrevistas de panel: El candidato es entrevistado por un grupo de personas, generalmente representantes de diferentes departamentos o niveles jerárquicos dentro de la empresa.

Cada tipo de entrevista tiene sus ventajas y desafíos, y los empleadores pueden utilizar diferentes combinaciones de ellas según sus necesidades y objetivos específicos durante el proceso de selección de personas. Aquí te presento algunos ejemplos:

1. **Entrevistas estructuradas: Ventajas:**
   - Consistencia: Las preguntas se formulan de manera estandarizada para todos los candidatos, lo que facilita la comparación objetiva de sus respuestas.
   - Eficiencia: Al tener un conjunto predefinido de preguntas, se ahorra tiempo y esfuerzo en la preparación y conducción de la entrevista.
   - Objetividad: La estandarización ayuda a reducir sesgos en la toma de decisiones.

Desafíos:

   - Rigidez: La estructura puede limitar la exploración de temas importantes que podrían surgir durante la entrevista.
   - Falta de espontaneidad: Al seguir un guion, se puede perder la oportunidad de profundizar en áreas específicas de interés.

2. **Entrevistas no estructuradas: Ventajas:**
   - Flexibilidad: El entrevistador puede adaptar las preguntas en función de las respuestas y la naturaleza del candidato.
   - Profundidad: Permite explorar a fondo la experiencia y habilidades del candidato.

Desafíos:

   - Sesgos: La falta de estandarización puede llevar a una evaluación subjetiva y sesgada.
   - Falta de comparabilidad: La variabilidad en las preguntas dificulta la comparación justa entre candidatos.

3. Entrevistas conductuales: Ventajas:

- Basadas en el rendimiento pasado: Se centran en ejemplos específicos de comportamiento del candidato en situaciones anteriores, lo que puede predecir su rendimiento futuro.
- Indicadores de habilidades: Ayudan a identificar competencias y habilidades relevantes para el puesto.

Desafíos:

- Preparación: Los candidatos bien entrenados pueden proporcionar respuestas ensayadas en lugar de experiencias reales.
- Interpretación: La evaluación de las respuestas conductuales puede ser subjetiva y requerir una cuidadosa interpretación.

4. Entrevistas grupales: Ventajas:

- Observación interpersonal: Permite evaluar cómo los candidatos interactúan y trabajan en equipo.
- Eficiencia: Se pueden evaluar varios candidatos al mismo tiempo.

Desafíos:

- Dominancia: Los candidatos más extrovertidos pueden destacar mientras que otros más introvertidos pueden no tener la misma oportunidad de demostrar sus habilidades.
- Ambiente intimidante: Algunos candidatos pueden sentirse cohibidos o nerviosos en un entorno grupal.

5. **Entrevistas virtuales: Ventajas:**
   - Accesibilidad: Facilita la participación de candidatos de diferentes ubicaciones geográficas.
   - Ahorro de tiempo y recursos: Se eliminan los costos y el tiempo asociados con los desplazamientos.
   - Problemas técnicos: Las dificultades técnicas pueden afectar la fluidez de la entrevista.
   - Conexión personal limitada: Es posible que no se establezca una conexión tan fuerte como en una entrevista en persona.

Ahora bien, veamos cómo se hace o de qué manera se pueden estructurar con preguntas estos tipos de entrevistas. Dependiendo de la forma en que preguntamos, podremos obtener mayor o menor profundidad en la respuesta del candidato al cargo, existen varias modalidades de hacer preguntas, siendo la que da más información al momento de preguntar, las denominadas preguntas poderosas. También es necesario desarrollar la intervención de preguntas a través de las denominadas preguntas indagatorias, estas nos dan el contexto general para situarnos en obtener información del candidato.

Preguntas indagatorias

Las preguntas indagatorias son una serie de interrogantes que se formulan con el propósito de obtener información relevante y esclarecedora sobre un determinado tema o situación. Estas preguntas se utilizan en diversas áreas, como en investigaciones, entrevistas, encuestas y procesos judiciales, entre otros contextos. Su objetivo principal es recopilar datos y detalles precisos que ayuden a comprender mejor un tema en particular o a obtener evidencia para sustentar un argumento o toma de decisiones.

A continuación, presento algunos ejemplos de preguntas indagatorias:

Investigación de mercado: a) ¿Cuál es su opinión sobre el producto/servicio que ofrecemos? b) ¿Qué factores le motivan a elegir una marca u otra? c) ¿Qué mejoras consideraría necesarias para nuestro producto/servicio? d) ¿Cómo se enteró de nuestro negocio y qué le atrajo de él?

Entrevista de trabajo: a) ¿Cuáles son sus principales habilidades y cómo las ha desarrollado? b) ¿Cuál es su experiencia previa en el área relacionada con el puesto? c) ¿Cómo maneja situaciones de presión o conflictos en el entorno laboral? d) ¿Cuál es su motivación para postularse a este trabajo en particular?

Proceso judicial: a) ¿Puede describir los eventos ocurridos el día del incidente? b) ¿Cuál fue su relación con la víctima o el acusado? c) ¿Presenció algún comportamiento sospechoso antes o después del incidente? d) ¿Tiene alguna prueba o evidencia que pueda aportar al caso?

Encuesta de satisfacción del cliente: a) ¿Qué aspectos le han satisfecho más de nuestro servicio/producto? b) ¿En qué áreas considera que podemos mejorar para brindarle una mejor experiencia? c) ¿Recomendaría nuestro negocio a otras personas? ¿Por qué? d) ¿Ha tenido algún problema o inconveniente con nuestro servicio/producto? ¿Cómo lo resolvimos?

Las preguntas indagatorias deben ser claras, específicas y no sesgadas, para que las respuestas obtenidas sean lo más precisas y útiles posible. Además, es importante escuchar activamente las respuestas y permitir que el entrevistado o encuestado se exprese con comodidad para obtener información valiosa.

Preguntas Poderosas

Provocar es preguntar profundizando en una situación que evoca una respuesta de la contra parte que le produce una toma de conciencia o un cambio.

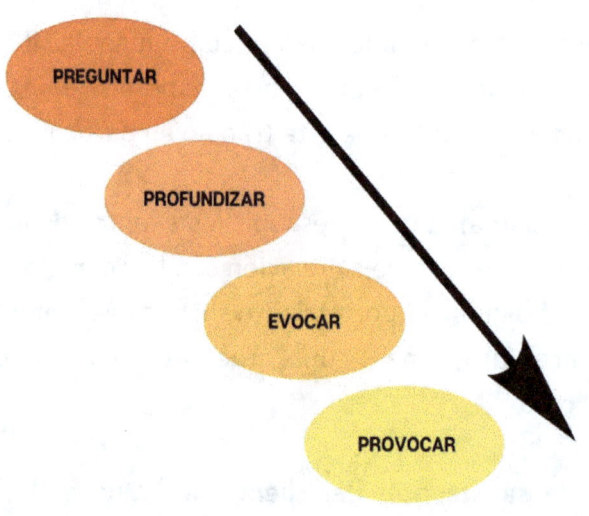

Modelo para preguntas poderosas (2012)
Académico Juan Fernando Guzmán Cuevas

MODALIDADES DEL HABLA

PROPONER

Hablar desde nuestras inquietudes dando a conocer la forma como observamos la situación y los cursos de acción que consideramos más adecuados

Hablar para que el otro revele sus inquietudes y dé a conocer su forma de observar la situación y los cursos de acción que considere más adecuados

INDAGAR

Modelo para preguntas poderosas (2012)
Académico Juan Fernando Guzmán Cuevas

ENFOQUE ÚNICO Y MÚLTIPLE

Modelo Enfoque Único y múltiple para preguntas poderosas (2012)
(adaptación)

Académico Juan Fernando Guzmán Cuevas

Las preguntas poderosas son aquellas interrogantes abiertas y reflexivas que invitan a una persona a profundizar en sus pensamientos, emociones y experiencias. Estas preguntas van más allá de respuestas simples y superficiales, estimulando la reflexión y el autoconocimiento. Su aplicación en la selección de personas es una herramienta valiosa para los reclutadores y entrevistadores, ya que permite obtener información más significativa sobre los candidatos y evaluar su idoneidad para un puesto de trabajo.

En el contexto de la selección de personas, las preguntas poderosas se pueden utilizar de varias formas:

1. **Explorar experiencias pasadas:** Preguntar sobre desafíos anteriores en el trabajo y cómo los afrontaron, sus logros más significativos o situaciones donde hayan aprendido lecciones importantes.

Ejemplo: "Háblame de un proyecto complejo que hayas gestionado en el pasado. ¿Qué obstáculos enfrentaste y cómo los superaste?"

2. **Evaluar habilidades y competencias:** Indagar sobre las habilidades técnicas y competencias específicas que poseen, así como su capacidad para trabajar en equipo, liderar o resolver problemas.

Ejemplo: "¿Cómo te aseguras de mantener tus habilidades actualizadas en tu campo profesional?"

3. Conocer sus motivaciones y valores: Entender qué los impulsa a trabajar en determinada industria o empresa, y si sus valores se alinean con los de la organización.

Ejemplo: "¿Qué te atrae de nuestra empresa y cómo crees que tu trabajo aquí contribuiría a tus objetivos profesionales?"

4. **Evaluar la adaptabilidad y resiliencia:** Preguntar sobre situaciones en las que hayan tenido que enfrentar cambios o momentos difíciles, y cómo se adaptaron.

Ejemplo: "Cuéntame sobre un momento en tu carrera en el que enfrentaste un cambio significativo. ¿Cómo te adaptaste y qué aprendiste de esa experiencia?"

5. **Analizar la toma de decisiones:** Indagar sobre cómo abordan la toma de decisiones y cómo gestionan los riesgos en su trabajo.

Ejemplo: "¿Cómo decides cuáles son las prioridades cuando tienes múltiples tareas que atender con plazos ajustados?"

6. **Evaluar la capacidad de aprendizaje:** Preguntar sobre cómo buscan nuevas oportunidades de aprendizaje y desarrollo profesional.

Ejemplo: "¿Cómo te mantienes al tanto de las tendencias y novedades en tu área de experta?"

Tipo de preguntas poderosas

En la entrevista para la selección de personas, es crucial hacer preguntas poderosas que permitan obtener información relevante y profunda sobre los candidatos. Estas preguntas están diseñadas para revelar habilidades, experiencia, actitudes y valores de los candidatos, lo que ayuda a tomar decisiones más informadas sobre su idoneidad para el puesto. Algunos ejemplos de preguntas poderosas incluyen:

1. "¿Cuéntame sobre un logro del que estés especialmente orgulloso/a en tu carrera y cómo lo lograste?"

2. "Describe una situación desafiante en el trabajo y cómo la superaste."

3. "Háblame de una experiencia en la que lideraste un equipo hacia el éxito. ¿Cómo lo lograste?"

4. "¿Qué te motiva a querer trabajar en nuestra empresa/organización?"

5. "Cuéntame sobre un momento en el que cometiste un error en el trabajo. ¿Qué aprendiste de esa experiencia?"

6. "¿Cómo manejas situaciones de conflicto o desacuerdo con tus compañeros de trabajo?"

7. "¿Puedes describir un momento en el que tomaste la iniciativa para mejorar un proceso o resolver un problema en el trabajo?"

8. "¿Qué tipo de cultura organizacional te resulta más favorable para desempeñarte de la mejor manera?"

9. "¿Cómo sueles abordar el equilibrio entre el trabajo y la vida personal?"

Estas preguntas abiertas y reflexivas permiten a los candidatos compartir sus experiencias y pensamientos de manera detallada, lo que facilita la evaluación de su idoneidad para el puesto y la cultura de la empresa. Además, fomentan la sinceridad y la autenticidad en las respuestas, lo que proporciona una visión más completa de los candidatos durante el proceso de selección.

FORMACIÓN PARA EL DESARROLLO DEL TALENTO HUMANO

La formación juega un papel fundamental en el desarrollo del talento humano, ya que contribuye de manera significativa a potenciar las habilidades, conocimientos y competencias de las personas en diversos ámbitos. A través de una adecuada formación, las organizaciones y los individuos pueden alcanzar su máximo potencial y adaptarse eficazmente a los cambios constantes en el entorno laboral y social. A continuación, se destacan algunas áreas clave en el desarrollo del talento humano y cómo se relacionan con la formación:

- Metodologías de Aprendizaje: Las metodologías de aprendizaje modernas promueven la participación, la interacción y la aplicación práctica de conocimientos. Enfoques como el aprendizaje basado en problemas, el aprendizaje colaborativo y el uso de tecnologías educativas fomentan la retención de información y la adquisición de habilidades de resolución de problemas.

-

- Aprendizaje Organizacional: La formación en el ámbito organizacional beneficia tanto a los empleados como a la empresa en su conjunto. La capacitación continua y personalizada ayuda a mejorar el desempeño individual y colectivo, lo que resulta en un incremento de la productividad, la calidad del trabajo y la innovación en la organización.

-

- Neuroaprendizaje: Comprender cómo funciona el cerebro en el proceso de aprendizaje es esencial para diseñar programas de formación efectivos. El neuroaprendizaje se centra en optimizar la retención y el procesamiento de la información, considerando factores como la repetición espaciada, la conexión emocional con el contenido y la variedad en los enfoques pedagógicos.

- Competencias Estratégicas: La formación en competencias estratégicas proporciona a los individuos las habilidades necesarias para tomar decisiones fundamentadas, liderar equipos, comunicarse de manera efectiva y gestionar proyectos. Estas competencias son vitales para el éxito en roles de dirección y gestión en la empresa.

- Competencias Personales: Las competencias personales, también conocidas como habilidades blandas, engloban aspectos como la inteligencia emocional, la empatía, la creatividad y la capacidad de adaptación. La formación en estas áreas fortalece las relaciones interpersonales, mejora la resolución de conflictos y fomenta un entorno laboral positivo y colaborativo.

La formación es un pilar esencial para el desarrollo del talento humano, permitiendo a las personas adquirir nuevas habilidades, conocimientos y actitudes que son cruciales para el éxito en el entorno laboral actual. A través de enfoques pedagógicos innovadores, el aprendizaje organizacional, el conocimiento sobre el neuroaprendizaje y el cultivo de competencias estratégicas y personales, las organizaciones y los individuos pueden evolucionar y prosperar en un mundo en constante cambio.

Sin duda uno de los más atrayentes temas en el desarrollo del talento humano, es la formación y todo lo que ello involucra a nivel de comportamiento conductual. El ser humano está en constante crecimiento, día a día, en muchos ámbitos de su ser, el desafío es sin duda que éste se dé cuenta de su avance, de sus limitaciones y de su progreso, para ello es necesario realizar acciones estratégicas planificadas que aporten a la comprensión y crecimiento individual y organizacional en todos sus ámbitos. Sin duda es necesario partir comprendiendo cómo aprendemos y la forma en que podemos aprender

Metodologías de aprendizaje

La experiencia personal del adulto es condicionante de toda actividad de aprendizaje. Aprendizaje es para Piaget, una adquisición de conocimientos. No se concibe sin una previa estructura interna de equilibrio que engendre la capacidad de aprender y estructurar el aprendizaje. Piaget distingue aprendizaje de inteligencia, porque ésta toma su propio ritmo de desarrollo.

Pero toda adquisición de conocimiento nuevo significa la asimilación de este, a las estructuras que dispone el sujeto que aprende. No se discute el hecho de que el adulto puede aprender. Interesa cómo se aprende. Todo aprendizaje conduce a un cambio; un cambio que se incorpora a la conducta del individuo.

Los adultos son personas con un desarrollo de vida recorrido y deben ser tratadas como tales; necesitan que se les presente experiencias vitales durante los procesos de aprendizaje, es decir aquellas que:

1. Resultan significativos y prácticos para el individuo.
2. Puedan ser transferidos a la conducta futura.
3. Tengan en cuenta la experiencia que el adulto aporta.

El núcleo de todo proceso de aprendizaje es la transformación de acciones inefectivas en acciones efectivas. El punto de partida del proceso es la identificación de un área de incompetencia, de incapacidad que no permite alcanzar el logro deseado. Es decir, la oportunidad de aprender se presenta cuando uno encuentra una brecha entre lo que quiere lograr (su objetivo) y lo que puede lograr (su competencia). Esta brecha se presenta como un "problema", la conciencia de esa brecha se manifiesta en la declaración de "No sé".

Todas las situaciones de insatisfacción son en sí una oportunidad para aprender.

Si observamos cualquier situación de aprendizaje significativo en nuestra vida, veremos que la emoción manifestada es de temor, incomodidad, ansiedad, preocupación, etc. Luego, al final del camino, las emociones difíciles desaparecen para convertirse en satisfacción, confianza, alegría y paz.

Para comenzar a transitar el camino del aprendizaje, deben cumplirse ciertas condiciones.

1. Establecer una visión
2. Tomar conciencia de la brecha entre su visión y su realidad.
3. Declararse incompetente para alcanzar un objetivo.
4. Comprometerse con el aprendizaje.
5. Asumir la responsabilidad de aumentar su competencia.
6. Reconocerse como principiante y permitirse la equivocación.
7. Buscar ayuda y apoyo, acompañamiento en el proceso.
8. Asignar tiempo y los recursos para practicar bajo el acompañamiento de un coach.

Peter Senge destaca la importancia de la "tensión creativa"

generada entre habilidad y ambición, es decir cuando se ve claramente donde se quiere estar y se la contrapone con la realidad actual. Esta tensión creativa puede solucionarse de dos maneras:

A. Subiendo la realidad actual hasta la altura de la visión.
B. Bajando la visión hasta la realidad actual.

El aprendizaje es mucho más que solucionar problemas. En la resolución de problemas el esfuerzo es reactivo: la energía para el cambio proviene del deseo de salir de algo indeseable. El aprendizaje es proactivo: la energía para el cambio surge del deseo de alcanzar la visión.

Muchas personas y empresas solo se sienten motivadas al cambio por factores extrínsecos, esto hace que para crecer primero tengan que sufrir reiteradas veces los golpes de la vida, generándoles dolor, ansiedad, miedo, resentimiento y resignación. En cambio, otras personas y organizaciones responden al deseo de desarrollar su máximo potencial, esto no les asegura un salvoconducto frente a los desafíos, pero al enfrentarlos como parte del aprendizaje, sus sentimientos son de serenidad, apertura, confianza, paz y entusiasmo.

En el camino del aprendizaje, podríamos hacer una diferencia entre el" ciego" y el "ignorante". El ciego es aquel que es incompetente para hacer una tarea y además ignora esa incompetencia. El ciego no sólo no sabe, ni siquiera sabe que no sabe.

En muchos casos se les perdonan ciertas acciones a estas personas ya que "no saben" lo que están haciendo. El ciego puede generar grandes sufrimientos. Su falta de conciencia combinada con su incompetencia puede ser muy destructiva para quienes lo rodean.

Un ejercicio interesante es preguntarse en qué áreas uno es "ciego". Para buscar la respuesta se puede observar el estado de ánimo de las personas que nos rodean, o mejor aún, preguntarles cómo se siente. Si uno advierte que existe sufrimiento en torno a él se podría profundizar más preguntándoles a los que sufren, que podríamos hacer para reducir ese sufrimiento.

Todos los seres humanos tenemos un cierto grado de ceguera. Por lo tanto, todos podemos encontrar oportunidades de mejorar en las relaciones, mediante la observación del sufrimiento que nos rodea.

El modelo de estilos de aprendizaje elaborado por Kolb supone que para aprender algo debemos trabajar o procesar la información que recibimos.

Estilos de Aprendizaje

Kolb dice que, por un lado, podemos partir:

a) de una experiencia directa y concreta: **aprender – activo**

b) o bien de una experiencia abstracta, que es la que tenemos cuando leemos acerca de algo o cuando alguien nos lo cuenta: **aprender - teórico**. Las experiencias que tengamos, concretas o abstractas, se transforman en conocimiento cuando las elaboramos de alguna de estas dos formas:

c) reflexionando y pensando sobre ellas: **aprender - reflexivo**.

d) experimentando de forma activa con la información recibida: **aprender - pragmático**.

Según el modelo de Kolb un aprendizaje óptimo es el resultado de trabajar la información en cuatro fases:

En
la

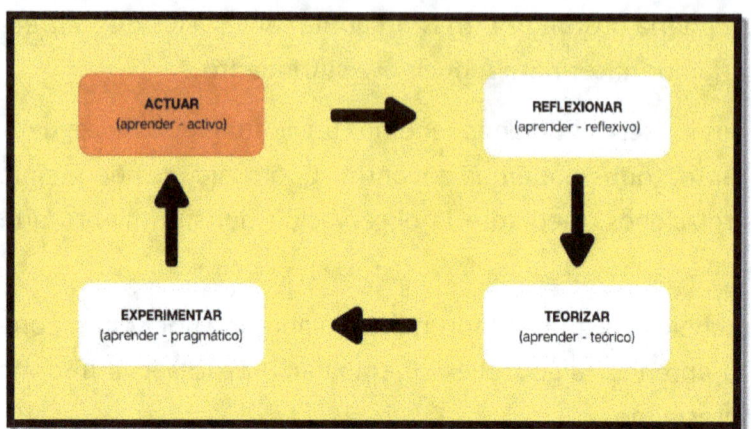

práctica, la mayoría de nosotros tendemos a especializarnos en una, o como mucho dos, de esas cuatro fases, por lo que se pueden diferenciar cuatro tipos de alumnos, dependiendo de la fase en la que prefieran trabajar:

- Alumno activo
- Alumno reflexivo
- Alumno teórico
- Alumno pragmático

En función de la fase del aprendizaje en la que nos especialicemos, el mismo contenido nos resultará más fácil (o más difícil) de aprender dependiendo de cómo nos lo presenten y de cómo lo trabajemos.

Nuestro sistema educativo no es neutro. Si pensamos en las cuatro fases de la rueda de Kolb es muy evidente que la de conceptualización (teorizar) es la fase más valorada, sobre todo en los niveles de educación secundaria y superior, es decir, nuestro sistema escolar favorece a los alumnos teóricos por encima de todos los demás.

Aunque en algunas asignaturas los alumnos pragmáticos pueden aprovechar sus capacidades, los reflexivos a menudo se encuentran con que el ritmo que se impone a las actividades es tal que no les deja tiempo para rumiar las ideas como ellos necesitan. Peores suertes aún tienen los alumnos a los que les gusta aprender a partir de la experiencia.

Un aprendizaje óptimo requiere de las cuatro fases, por lo que será conveniente presentar cualquier contenido de tal forma que garanticemos actividades que cubran todas las fases de la rueda de Kolb.

Con eso por una parte facilitaremos el aprendizaje de todos los alumnos, cualquiera que sea su estilo preferido y, además, les ayudaremos a potenciar las fases con los que se encuentran menos cómodos.

Para lo anterior es necesario implementar metodologías que apoyen a la formación de alto impacto en la gestión del talento humano

Estas metodologías son enfoques y estrategias diseñadas para facilitar el proceso de aprendizaje y mejorar la retención de la información. Aquí hay algunas de ellas:

1. **Aprendizaje Activo:** Esta metodología se centra en involucrar activamente a los estudiantes en el proceso de aprendizaje a través de actividades prácticas y participativas. En lugar de ser receptores pasivos de información, los estudiantes participan en debates, resolución de problemas, proyectos grupales y otras actividades que fomentan el pensamiento crítico y la aplicación práctica de conocimientos.

2. **Aprendizaje Basado en Problemas (ABP):** En esta metodología, los estudiantes trabajan en la resolución de problemas del mundo real, lo que les permite aplicar los conceptos teóricos en situaciones prácticas. Los estudiantes investigan, analizan y proponen soluciones a problemas específicos, lo que fomenta el aprendizaje autodirigido y la colaboración.

3. **Aprendizaje Cooperativo:** En este enfoque, los estudiantes trabajan en grupos pequeños para lograr objetivos de aprendizaje comunes. La colaboración y la interacción entre los miembros del grupo son esenciales, ya que cada estudiante contribuye con sus habilidades y conocimientos únicos para resolver problemas y completar tareas.

4. **Aprendizaje Basado en Proyectos (ABP):** Similar al ABP, el aprendizaje basado en proyectos implica que los estudiantes trabajen en proyectos a largo plazo que requieren investigación, planificación y ejecución. Estos proyectos pueden abordar problemas del mundo real y permiten a los estudiantes aplicar una variedad de habilidades y conocimientos en un contexto práctico.

5. **Aprendizaje Colaborativo:** A diferencia del aprendizaje cooperativo, en el aprendizaje colaborativo, los estudiantes trabajan juntos para lograr un objetivo común sin asignar roles específicos. La interacción y la cooperación se promueven para alcanzar metas de aprendizaje compartidas.

6. **Aprendizaje Autodirigido:** En este enfoque, los estudiantes toman la responsabilidad de su propio aprendizaje, establecen objetivos, seleccionan recursos y evalúan su progreso. Se fomenta la autonomía y la autorregulación, lo

que ayuda a los estudiantes a desarrollar habilidades de investigación y autoaprendizaje.

7. **Aprendizaje Basado en la Indagación:** Esta metodología se centra en la formulación de preguntas y en la exploración activa de conceptos y fenómenos. Los estudiantes realizan investigaciones, recopilan información y llegan a conclusiones basadas en la evidencia, lo que promueve la curiosidad y la comprensión profunda.

8. **Aprendizaje en Línea (e-Learning):** Esta metodología utiliza plataformas digitales y recursos en línea para facilitar el aprendizaje. Puede incluir clases virtuales, materiales multimedia, foros de discusión y evaluaciones en línea.

9. **Aprendizaje Basado en Competencias:** Enfocado en el desarrollo de habilidades y competencias específicas, este enfoque se centra en que los estudiantes demuestren su capacidad para aplicar conocimientos en situaciones prácticas.

10. **Aprendizaje Experiencial:** Los estudiantes aprenden a través de experiencias prácticas y situaciones del mundo real. Esto puede incluir pasantías, prácticas laborales, proyectos de servicio comunitario y otras actividades que conectan el aprendizaje con la vida cotidiana.

Cabe destacar que no hay una única metodología "mejor", ya que cada enfoque puede ser más efectivo en ciertos contextos y con ciertos tipos de estudiantes. Los educadores a menudo combinan y adaptan estas metodologías para satisfacer las necesidades de aprendizaje de sus estudiantes y lograr los objetivos educativos deseados.

Aprendizaje Organizacional

El aprendizaje organizacional es un proceso fundamental en el cual una empresa o entidad adquiere conocimientos, experiencia y habilidades a través de la interacción, la reflexión y la adaptación en respuesta a cambios internos y externos. Implica una mentalidad de mejora continua y el desarrollo de una cultura empresarial que valora y fomenta el aprendizaje en todos los niveles de la organización.

Explicación del aprendizaje organizacional:

1. **Ciclo de Aprendizaje:** El aprendizaje organizacional involucra un ciclo constante de acción, observación, reflexión y ajuste. Cuando una organización enfrenta desafíos, toma medidas para abordarlos. Luego, observa los resultados y reflexiona sobre lo que funcionó y lo que no. Esta reflexión conduce a ajustes y mejoras en los enfoques futuros.

2. **Detección y Respuesta al Cambio:** Las organizaciones deben estar atentas a los cambios en su entorno, ya sean tecnológicos, económicos, sociales o de otro tipo. El aprendizaje organizacional implica la capacidad de detectar estos cambios y responder de manera efectiva, ya sea adaptando sus procesos, productos o estrategias.

3. **Conocimiento Tácito y Explícito:** El aprendizaje organizacional involucra tanto el conocimiento tácito como el explícito. El conocimiento tácito es el saber-hacer y la experiencia acumulada por los empleados a lo largo del tiempo. El conocimiento explícito es el conocimiento formal y documentado, como manuales, informes y datos.

4. **Compartir y Transferir Conocimiento:** Una parte esencial del aprendizaje organizacional es la transferencia de

conocimiento entre los miembros de la organización. Esto se logra mediante la comunicación efectiva, la capacitación, la mentoría y la colaboración entre los equipos.

5. **Cultura de Aprendizaje:** Una cultura organizacional que fomenta el aprendizaje es crucial. Esto implica alentar la experimentación, aceptar el fracaso como una oportunidad para aprender, y promover la búsqueda activa de nuevas formas de hacer las cosas.

6. **Aprendizaje de Errores:** El aprendizaje organizacional no solo se deriva del éxito, sino también de los errores. Los errores brindan lecciones valiosas que pueden ayudar a evitar problemas similares en el futuro.

7. **Innovación y Adaptación:** A través del aprendizaje, las organizaciones pueden innovar y adaptarse de manera más efectiva a los cambios en el entorno empresarial. Esto puede llevar a la introducción de nuevos productos, servicios o modelos de negocio.

8. **Medición y Evaluación:** Es importante medir y evaluar el proceso de aprendizaje organizacional para determinar su efectividad y tomar decisiones informadas sobre cómo mejorar aún más.

el aprendizaje organizacional es un proceso continuo de adquisición, aplicación y transferencia de conocimiento en una organización. Al adoptar una mentalidad de mejora constante y alentar la colaboración y la experimentación, las organizaciones pueden mantenerse ágiles y competitivas en un entorno empresarial en constante cambio. Para que esto sea una realidad debemos comprender básicamente el funcionamiento del neuro-aprendizaje

Neuroaprendizaje

El neuroaprendizaje es un término que combina los campos de la neurociencia y la educación para comprender cómo funciona el cerebro en el proceso de aprendizaje y cómo se pueden aplicar estos conocimientos en entornos educativos para mejorar la enseñanza y el rendimiento de los estudiantes.

En esencia, el neuroaprendizaje busca aprovechar el conocimiento sobre la estructura y funcionamiento del cerebro para diseñar estrategias de enseñanza más efectivas. A través de la investigación en neurociencia, se ha descubierto que el cerebro es altamente plástico, lo que significa que tiene la capacidad de cambiar y adaptarse en respuesta a nuevas experiencias y aprendizajes. Esto tiene implicaciones importantes para la educación, ya que sugiere que los métodos de enseñanza pueden influir en cómo se forman y refuerzan las conexiones neuronales.

Las principales áreas de enfoque en el neuroaprendizaje incluyen:

1. **Atención y Memoria**: Comprender cómo el cerebro procesa la información, cómo se capta la atención y cómo se forman y recuperan recuerdos. Esto puede ayudar a los educadores a diseñar estrategias que mantengan el interés de los estudiantes y faciliten la retención de información.

2. **Motivación y Emoción**: Investigar cómo las emociones y la motivación influyen en el aprendizaje. Se ha demostrado que un ambiente emocional positivo puede mejorar la retención y comprensión de la información.

3. **Metacognición**: Analizar cómo los estudiantes piensan sobre su propio proceso de aprendizaje y cómo pueden desarrollar habilidades metacognitivas para mejorar su autorregulación y comprensión.

4. **Diferenciación y Estilos de Aprendizaje**: Considerar cómo los estudiantes tienen diferentes formas de procesar la información y cómo adaptar la enseñanza para abordar estas diferencias individuales.

5. **Neuroplasticidad**: Aprovechar la capacidad del cerebro para adaptarse y cambiar a lo largo del tiempo. Esto sugiere que el aprendizaje es un proceso continuo y que los educadores pueden fomentar el desarrollo de nuevas conexiones neuronales.

6. **Aplicación de Tecnología**: Utilizar herramientas tecnológicas para crear entornos de aprendizaje interactivos y personalizados que se ajusten a las necesidades y estilos de aprendizaje de los estudiantes.

7. **Evaluación y Retroalimentación**: Examinar cómo la retroalimentación efectiva puede influir en el proceso de aprendizaje y cómo se pueden diseñar métodos de evaluación que fomenten un aprendizaje más profundo.

El neuroaprendizaje busca aprovechar los avances en la neurociencia para mejorar la educación y la formación, diseñando estrategias de enseñanza que se alineen con la forma en que el cerebro procesa la información y aprende. Esta integración entre la ciencia del cerebro y la práctica educativa puede tener un impacto significativo en cómo enseñamos. Para eso es importante establecer competencias estratégicas y personales en el desarrollo de la formación y aprendizaje

Competencias estratégicas y Competencias personales

Las competencias estratégicas y personales (también llamadas genéricas) son aspectos fundamentales en la formación del talento humano dentro de una organización. Estas competencias se refieren a las habilidades, conocimientos, actitudes y capacidades que los individuos deben desarrollar para contribuir al éxito de la empresa y a su propio crecimiento profesional. Veamos en detalle estas dos categorías de competencias:

Competencias Estratégicas: Las competencias estratégicas son aquellas habilidades y capacidades que están directamente alineadas con los objetivos y metas de la organización. Estas competencias permiten a los empleados y colaboradores contribuir de manera efectiva al logro de la misión, visión y objetivos estratégicos de la empresa. Algunas competencias estratégicas incluyen:

1. Orientación a Resultados: La capacidad de enfocarse en la consecución de metas y resultados concretos, siguiendo la dirección estratégica de la empresa.

2. Pensamiento Estratégico: La habilidad para comprender el panorama general de la organización, identificar oportunidades y desafíos, y tomar decisiones informadas que contribuyan a la estrategia global.

3. Innovación y Creatividad: La capacidad de generar ideas nuevas y originales, así como de proponer soluciones innovadoras que impulsen el crecimiento y la ventaja competitiva de la organización.

4. Liderazgo: La habilidad de influir en otros, guiar equipos y tomar decisiones efectivas para llevar a cabo la estrategia de la empresa.

Competencias Personales: Las competencias personales, también conocidas como habilidades blandas o habilidades interpersonales, se centran en el desarrollo de características y cualidades personales que permiten a los individuos interactuar de manera efectiva con sus colegas, superiores y clientes. Estas competencias son esenciales para el desarrollo profesional y la creación de un entorno de trabajo positivo. Algunas competencias personales incluyen:

1. Comunicación Efectiva: La capacidad de expresar ideas de manera clara y escuchar activamente a los demás, fomentando la comprensión mutua y la cooperación.

2. Trabajo en Equipo: La habilidad para colaborar con otros, compartir responsabilidades, resolver conflictos y trabajar hacia metas comunes.

3. Empatía: La capacidad de entender y considerar los sentimientos, perspectivas y necesidades de los demás, lo que facilita relaciones laborales armoniosas.

4. Adaptabilidad: La disposición y capacidad para enfrentar cambios y situaciones nuevas con flexibilidad y disposición positiva.

5. Resolución de Problemas: La habilidad de analizar situaciones complejas, identificar obstáculos y encontrar soluciones efectivas.

6. Autogestión: La capacidad de organizar el tiempo, manejar el estrés, establecer metas personales y autodirigirse en la búsqueda de aprendizaje y desarrollo continuo.

Tanto las competencias estratégicas como las personales son esenciales en la formación del talento humano, ya que contribuyen a que los empleados sean capaces de alinear sus acciones con la visión y estrategia de la organización, mientras cultivan habilidades interpersonales clave para el éxito en un entorno laboral colaborativo y en constante cambio. Estas competencias se complementan y fortalecen mutuamente, creando profesionales completos y efectivos.

PLAN ESTRATÉGICO DE CRECIMIENTO Y PROMOCIÓN PROFESIONAL

Un plan estratégico de crecimiento y promoción profesional es una herramienta fundamental para guiar y gestionar el desarrollo de una carrera en el ámbito laboral. En un entorno laboral cada vez más competitivo y en constante evolución, contar con un plan estratégico sólido puede marcar la diferencia entre el estancamiento y el progreso continuo en una trayectoria profesional.

A continuación, se destacan algunas razones clave por las cuales un plan estratégico de crecimiento y promoción profesional es de gran importancia:

1. **Visión y dirección claras:** Un plan estratégico proporciona una visión a largo plazo de tus objetivos profesionales y cómo deseas alcanzarlos. Define los pasos concretos que debes tomar para avanzar en tu carrera, brindándote una dirección clara y evitando decisiones impulsivas.

2. **Autoevaluación y desarrollo:** El proceso de elaborar un plan estratégico te obliga a reflexionar sobre tus habilidades, fortalezas, debilidades y áreas de mejora. Identificar tus áreas de desarrollo te permite tomar medidas concretas para mejorar tus habilidades y competencias, lo que en última instancia te hace más valioso en el mercado laboral.

3. **Objetivos medibles:** Un plan estratégico establece objetivos específicos, medibles, alcanzables, relevantes y con plazos definidos (objetivos SMART). Esto te ayuda a

evaluar tu progreso de manera constante y a realizar ajustes en función de los resultados obtenidos.

4. **Alineación con oportunidades:** Un plan bien desarrollado te permite estar atento a oportunidades que se alinean con tus objetivos profesionales. Puedes enfocarte en roles y proyectos que te permitan adquirir experiencia relevante y avanzar hacia tus metas.

5. **Desarrollo de red de contactos:** A medida que trabajas en tu plan, interactuarás con personas que comparten intereses y objetivos similares. Esto te ayudará a expandir tu red de contactos, lo que puede ser valioso para obtener asesoramiento, recomendaciones y oportunidades profesionales.

6. **Confianza y empoderamiento:** Tener un plan estratégico te brinda un sentido de confianza y empoderamiento. Saber que estás tomando medidas concretas hacia tus objetivos te ayuda a superar la incertidumbre y a enfrentar los desafíos con determinación.

7. **Adaptación al cambio:** Un plan estratégico no es rígido, sino adaptable. Te permite ajustar tus objetivos y estrategias a medida que cambian tus circunstancias, intereses y el entorno laboral.

8. **Destaque ante los empleadores:** Al mostrar a los empleadores que tienes un enfoque planificado y un compromiso con tu desarrollo profesional, puedes destacar

como un candidato valioso para roles más desafiantes y responsabilidades mayores.

Un plan estratégico de crecimiento y promoción profesional es esencial para tomar el control de tu carrera y avanzar de manera efectiva hacia tus objetivos. Te ayuda a definir tus aspiraciones, a desarrollarte continuamente y a aprovechar las oportunidades que se presenten, asegurando un progreso constante y significativo en el mundo laboral.

Plan Estratégico de Talento Humano

Un Plan Estratégico de Talento Humano es un documento detallado que establece las directrices y objetivos para la gestión y desarrollo del recurso humano dentro de una organización. Su propósito principal es alinear las prácticas y políticas relacionadas con el personal con los objetivos y metas generales de la empresa. Este plan busca maximizar la contribución de los empleados a través de una gestión eficiente y estratégica de su talento y capacidades.

El Plan Estratégico de Talento Humano abarca una variedad de áreas y funciones dentro de la gestión del recurso humano, incluyendo reclutamiento, selección, capacitación, desarrollo, evaluación del desempeño, retención y sucesión. Se elabora a partir de un análisis profundo de las necesidades y recursos de la organización, así como de las tendencias del mercado laboral y la industria en la que opera.

Las principales finalidades y beneficios de un Plan Estratégico de Talento Humano son:

1. **Alineación con los Objetivos Organizacionales:** El plan asegura que las políticas y prácticas relacionadas con el

personal estén alineadas con la misión, visión, valores y objetivos de la empresa.

2. **Optimización del Rendimiento:** Proporciona una estructura para la identificación, desarrollo y utilización óptima de las habilidades y talentos de los empleados, lo que contribuye a mejorar el desempeño organizacional.

3. **Retención de Talentos:** El plan incluye estrategias para retener a los empleados clave y talentosos, lo que reduce la rotación y la pérdida de conocimiento.

4. **Desarrollo de Habilidades:** Establece programas de capacitación y desarrollo que permiten a los empleados adquirir nuevas habilidades y competencias, lo que a su vez mejora su contribución y satisfacción laboral.

5. **Planificación de Sucesión:** Identifica y prepara a posibles líderes y sucesores en la organización, garantizando la continuidad de la dirección y la gestión.

6. **Mejora de la Cultura Organizacional:** Promueve una cultura de aprendizaje, crecimiento y colaboración, lo que puede aumentar la moral y el compromiso de los empleados.

7. **Gestión Efectiva del Cambio:** Ayuda a la organización a adaptarse a los cambios internos y externos de manera más eficiente, al contar con un equipo preparado y flexible.

8. **Competitividad en el Mercado Laboral:** Un enfoque estratégico en la gestión del talento puede ayudar a atraer a los mejores candidatos en un mercado laboral competitivo.

Un Plan Estratégico de Talento Humano es una herramienta esencial para las organizaciones que buscan optimizar el rendimiento de sus empleados y lograr sus objetivos empresariales a través de una gestión integral y estratégica de su recurso humano.

¿Cómo hacer un plan estratégico de Gestión de talento?

El diseño de un enfoque estratégico para administrar el capital humano en una organización involucra una evaluación interna profunda y reflexiva. Este análisis identifica los desafíos emergentes y las oportunidades de mejora en los procesos previamente ejecutados. La creación de una estrategia efectiva para la gestión de recursos humanos busca establecer una dirección que permita afrontar los cambios abruptos del entorno y fomentar un entorno laboral orientado al logro de objetivos.

Los elementos esenciales para la elaboración del plan estratégico de capital humano son:

1. **Evaluación del entorno organizacional:** El primer paso para concebir un plan estratégico de recursos humanos es el análisis exhaustivo de la situación actual de la organización y su contexto circundante. Esto garantiza que la

planificación de recursos humanos esté alineada tanto con las exigencias del mercado como con los requerimientos internos. Dado que esta planificación se realiza anualmente, es crucial evaluar los resultados anteriores y evitar repeticiones de errores. La planificación de recursos humanos requiere una comprensión profunda de las habilidades y funciones de cada colaborador, con el propósito de anticipar cómo afrontarán los retos venideros.

2. **Establecimiento de la misión, visión y valores**. Al considerar cómo llevar a cabo un plan estratégico de recursos humanos, resulta fundamental mantener la coherencia con la identidad organizacional. Este paso es esencial para lograr resultados sobresalientes. La revisión, junto con los líderes de la empresa, de la misión, visión y valores de la organización es esencial para determinar si siguen siendo pertinentes y congruentes con las necesidades actuales. Integrar la identidad de la marca en la estrategia de recursos humanos busca generar beneficios empresariales y responder a cuestiones como el propósito del plan, su enfoque y su impacto.

3. **Definición de los objetivos:** La planificación estratégica de recursos humanos persigue tres tipos de objetivos:

- Objetivos explícitos: Dirigidos a motivar y retener al talento, involucran acciones como planes de carrera y procesos de incorporación para conservar a individuos con aptitudes sobresalientes.

- Objetivos implícitos: Se relacionan con las metas directamente establecidas por la empresa, enfocadas en aumentar la productividad y la lealtad de los empleados mientras se cumplen las normativas laborales.

- Objetivos a largo plazo: Engloban el rendimiento, calidad, eficacia, competitividad, entre otros aspectos, esenciales para una planificación estratégica de recursos humanos.

4. **Análisis FODA**: (Debilidades, Amenazas, Fortalezas, Oportunidades) Un paso crítico para comprender cómo desarrollar un plan estratégico de recursos humanos implica realizar un análisis detallado de las debilidades, amenazas, fortalezas y oportunidades (FODA). Este análisis brinda una visión clara y gráfica de los desafíos y ventajas en el ámbito de la administración estratégica de recursos humanos. Dado el dinamismo del entorno, el plan debe ser adaptable y flexible en sus enfoques. El análisis FODA no solo es valioso a corto plazo, sino que también facilita la toma de decisiones a largo plazo.

5. **Asignación de responsabilidades** La clave no sólo radica en entender cómo crear un plan estratégico de recursos humanos, sino en ejecutarlo. Establecer responsabilidades para cada departamento y empleado en la organización es fundamental. La creación de un organigrama empresarial proporciona una visión integral de los departamentos existentes, los puestos por cubrir y la jerarquía en la estructura organizativa. Esta información es vital para identificar las necesidades y cumplir los objetivos propuestos.

6. **Identificación de roles necesarios** Otra etapa en el proceso de cómo desarrollar un plan estratégico de recursos humanos es la definición de roles y funciones necesarios para cumplir los objetivos. Esto incluye descripciones de tareas y las habilidades requeridas para cada perfil. Asimismo, es esencial especificar aspectos como el lugar de trabajo, supervisores a cargo, niveles de supervisión y carga

laboral. Esta claridad permite determinar la cantidad de nuevos empleados a reclutar.

7. **Desglose del plan estratégico en actividades** Una vez que se comprende el equipo de trabajo disponible, es posible asignar esfuerzos del plan estratégico a diferentes actividades empresariales, tales como:

- Selección de personas: Centrada en la adquisición de nuevo talento, esta fase implica un análisis detallado de las actividades para identificar el perfil idóneo.

- Contratación: Define la cantidad de personal necesaria para gestionar contratos, cláusulas y condiciones laborales.

- Formación: La capacitación constante, tanto para nuevos como para antiguos empleados, es esencial para retener el talento y prepararlo para promociones internas.

- Prevención de riesgos: Crea un departamento especializado en seguridad laboral, esencial para cumplir con las regulaciones de prevención de riesgos.

- Resolución de conflictos: Diseñado para prevenir y manejar conflictos de manera efectiva en el entorno laboral.

8. **Establecimiento de políticas de Recursos Humanos** Una etapa crítica en la elaboración de un plan estratégico de recursos humanos es la definición de políticas. Estas políticas guían el proceso de selección, contratación, evaluación de desempeño y más. Están relacionadas con las normas y reglas que rigen el comportamiento y desempeño de la empresa. Esto incluye estándares disciplinarios, remuneración, mecanismos de queja, políticas de seguridad de datos y otros aspectos.

9. **Desarrollo del equipo de proyecto** Mejorar la colaboración y comunicación entre empleados es fundamental en la implementación exitosa de un plan estratégico de recursos humanos. Fortalecer las relaciones y motivar al equipo contribuye a un rendimiento óptimo y una comunicación efectiva. Una sólida gestión de recursos humanos proporciona una herramienta valiosa para administrar eficazmente la fuerza laboral, optimizar procesos y lograr los objetivos estratégicos.

10. **Implementación y seguimiento del plan** Una vez que se tiene claro cómo diseñar un plan estratégico de recursos humanos, es el momento de llevarlo a cabo y dar el salto hacia una gestión del capital humano-renovada en la organización. A pesar de la complejidad del proceso, siguiendo meticulosamente el plan se pueden alcanzar rápidamente los objetivos propuestos. El seguimiento y la retroalimentación con los colaboradores permiten identificar áreas de mejora y ajustes necesarios para avanzar con éxito. La gestión del talento implica una comunicación constante con las expectativas del equipo y la adaptación a las tendencias actuales en el mundo laboral.

Los Tres Pilares para la Retención del Talento

La retención del talento se ha convertido en un desafío crucial para las organizaciones en la actualidad, ya que la competencia por individuos altamente calificados es más intensa que nunca. Para mantener a estos talentos valiosos y garantizar su compromiso a largo plazo, las empresas deben centrarse en tres pilares fundamentales: desarrollo profesional, cultura organizacional y equilibrio entre trabajo y vida.

1. **Desarrollo Profesional:** El primer pilar se basa en proporcionar oportunidades significativas de desarrollo profesional a los empleados. Esto implica no solo brindar capacitación y recursos para mejorar sus habilidades técnicas, sino también diseñar planes de crecimiento y promoción claros. Los empleados necesitan sentir que están avanzando en sus carreras y que la organización valora su crecimiento. El desarrollo profesional puede incluir asignar proyectos desafiantes, ofrecer mentoría y coaching, y fomentar la participación en conferencias y talleres relevantes. Cuando los empleados perciben que su trabajo tiene un impacto directo en su crecimiento y progreso, es más probable que se sientan comprometidos con la empresa a largo plazo.

2. **Cultura Organizacional:** La cultura organizacional desempeña un papel fundamental en la retención del talento. Los empleados buscan un entorno en el que se sientan valorados, respetados y conectados con los valores y objetivos de la empresa. Una cultura sólida se construye en torno a la transparencia, la comunicación abierta, el reconocimiento y la diversidad e inclusión. Las políticas de gestión de recursos humanos también deben ser justas y equitativas. Cuando los empleados se sienten parte de una cultura positiva y alineada con sus propios valores, es más probable que permanezcan comprometidos y satisfechos en su puesto.

3. **Equilibrio entre Trabajo y Vida:** El tercer pilar se refiere a la importancia de apoyar un equilibrio saludable entre el trabajo y la vida personal. Los empleados valoran cada vez más la flexibilidad en cuanto a horarios y opciones de trabajo remoto. Ofrecer la posibilidad de horarios flexibles

y permitir el teletrabajo cuando sea posible demuestra confianza en los empleados y les permite armonizar sus responsabilidades laborales con sus compromisos personales. Además, fomentar el uso de días de descanso y vacaciones contribuye a evitar el agotamiento y aumenta la satisfacción general en el trabajo.

En conjunto, estos tres pilares – desarrollo profesional, cultura organizacional y equilibrio entre trabajo y vida – son esenciales para retener el talento en una organización. Al invertir en el crecimiento y bienestar de los empleados, las empresas pueden fortalecer su competitividad y crear un ambiente donde el talento florezca y se comprometa a largo plazo.

Para poder lograr que estos tres pilares den un funcionamiento armónico y orgánico de crecimiento organizacional es necesario contar con un plan de crecimiento profesional.

Plan de Crecimiento Profesional

Un Plan de Crecimiento Profesional es un conjunto de objetivos, estrategias y acciones que una persona elabora para avanzar en su carrera y desarrollar sus habilidades, conocimientos y experiencia. Este plan suele ser personalizado y adaptado a los objetivos y aspiraciones profesionales de cada individuo. Aquí hay una guía sobre cómo desarrollar un Plan de Crecimiento Profesional:

1. **Autoevaluación:** Comienza por reflexionar sobre tus habilidades actuales, fortalezas, debilidades, intereses y metas profesionales. Considera lo que te gustaría lograr en tu carrera a corto, mediano y largo plazo.

2. **Establecimiento de objetivos:** Define objetivos claros y alcanzables. Estos pueden incluir metas a corto plazo

(dentro de los próximos 6-12 meses) y metas a largo plazo (2-5 años). Asegúrate de que estos objetivos sean específicos, medibles, alcanzables, relevantes y con plazo definido (SMART).

3. **Identificación de áreas de mejora:** Identifica las habilidades, conocimientos o experiencias que necesitas adquirir o mejorar para alcanzar tus objetivos. Estas áreas pueden incluir habilidades técnicas, habilidades blandas, certificaciones específicas o experiencia en ciertos proyectos.

4. **Investigación y planificación:** Investiga las oportunidades disponibles para desarrollar esas áreas de mejora. Pueden incluir cursos en línea, programas de capacitación, talleres, conferencias, certificaciones, mentoría, entre otros. Investiga también las tendencias en tu industria y las habilidades más demandadas.

5. **Priorización:** Ordena tus objetivos y áreas de mejora en función de su importancia y su relevancia para tus metas profesionales. Esto te ayudará a concentrar tus esfuerzos en lo más relevante y urgente.

6. **Desarrollo de un plan detallado:** Para cada objetivo, establece un plan detallado que incluya pasos concretos, plazos, recursos necesarios y posibles obstáculos. Esto te ayudará a tener un enfoque claro y a medir tu progreso.

7. **Acción:** Empieza a implementar tu plan. Inscríbete en cursos, busca oportunidades de mentoría, trabaja en proyectos relevantes y busca maneras de aplicar lo que aprendes en tu trabajo actual.

8. **Seguimiento y ajuste:** Regularmente revisa tu progreso. ¿Has alcanzado los hitos que estableciste? ¿Necesitas hacer ajustes en tu plan debido a cambios en tu carrera o en tus objetivos? Aprende de tus éxitos y fracasos para ajustar tu plan según sea necesario.

9. **Networking y visibilidad:** Conéctate con colegas, mentores y profesionales de tu industria. La red de contactos puede brindarte oportunidades valiosas y expandir tu conocimiento.

10. **Mantén la motivación:** Mantén tu motivación alta recordando tus objetivos y celebrando tus logros. La carrera profesional es un viaje continuo de aprendizaje y crecimiento.

Recuerda que un Plan de Crecimiento Profesional es personal y debe adaptarse a tus circunstancias y aspiraciones individuales. Es importante ser flexible y estar dispuesto a ajustar tu plan según evoluciona tu carrera y tus metas.

A continuación, presento un plan de acción que se utiliza en CMG Consultores® para prospectar un plan de desarrollo personal o profesional.

PLAN DE ACCIÓN

CMG
Consultoría en Gestión
Estratégica de Personas

VAMOS A DEJAR EL MUNDO MEJOR
QUE COMO LO ENCONTRAMOS

NOMBRE COACHEE: _____

FECHA: _____

¿CUÁL ES TU OBJETIVO?

_____

_____

¿PARA QUÉ QUIERES HACER ESTO?

_____

_____

¿CÓMO LO VAS A LOGRAR?

_____

_____

_____

_____

¿QUÉ NECESITAS DEJAR ATRÁS?

_____

_____

¿A QUIÉNES INVOLUCRA ESTE PROCESO?

_____

_____

¿CÓMO VAS A SABER QUE LO LOGRASTE?

_____

_____

Un plan de desarrollo profesional es un conjunto de metas, objetivos y acciones diseñados para ayudarte a avanzar en tu carrera y alcanzar tus aspiraciones profesionales a lo largo del tiempo.

CONCLUSIONES

Finalmente podemos reiterar y concluir que, la gestión del talento humano es una función esencial en cada organización, que busca aprovechar al máximo el potencial de nuestros empleados, fomentando su desarrollo profesional y personal, y garantizando un ambiente laboral productivo y motivador. Nuestro enfoque en la gestión del talento humano tiene como objetivo atraer, retener y desarrollar a los mejores profesionales, asegurando que se alinee con la misión y valores de la empresa.

La gestión de reclutamiento es una tarea crucial para asegurar el éxito y el crecimiento sostenible de cualquier organización. Un proceso bien estructurado y eficiente permitirá atraer a los mejores candidatos que contribuirán al logro de los objetivos de la empresa.

el reclutamiento interno es una práctica valiosa que puede fortalecer la cultura de la empresa y motivar a los empleados, pero también es esencial equilibrarla con el reclutamiento externo para asegurar que la organización tenga acceso al mejor talento posible.

El reclutamiento externo tiene sus ventajas, como traer nuevas ideas y perspectivas a la empresa, introducir nuevas habilidades y talentos y evitar la complacencia interna. Sin embargo, también puede ser más costoso y llevar más tiempo en comparación con el reclutamiento interno.

Las organizaciones a menudo utilizan una combinación de reclutamiento externo e interno para cubrir sus necesidades de personal y asegurarse de que el proceso de selección sea eficiente y efectivo.

En última instancia, cada tipo de entrevista tiene sus pros y contras, y la elección del método dependerá de los objetivos de selección de la organización y las necesidades específicas del puesto vacante. Es común que las empresas utilicen una combinación de diferentes tipos de entrevistas para obtener una visión más completa de los candidatos y tomar decisiones de contratación informadas.

Recuerde que Las preguntas indagatorias deben ser claras, específicas y no sesgadas, para que las respuestas obtenidas sean lo más precisas y útiles posible. Además, es importante escuchar activamente las respuestas y permitir que el entrevistado o encuestado se exprese con comodidad para obtener información valiosa.

Por último, es importante que los entrevistadores escuchen con atención las respuestas de los candidatos y hagan seguimiento a sus comentarios para comprender más a fondo sus habilidades, actitudes y valores. La utilización de preguntas poderosas en el proceso de selección de personal ayuda a identificar candidatos con un mayor potencial para el puesto y contribuye a la formación de equipos más eficientes y alineados con la cultura de la organización.

La formación es un pilar fundamental para el desarrollo del talento humano, ya que impulsa el crecimiento individual y organizacional. A través de metodologías de aprendizaje efectivas, el aprendizaje organizacional, el entendimiento del neuroaprendizaje y el fortalecimiento de competencias estratégicas y personales, se crea un entorno en el que las personas pueden florecer y contribuir de manera significativa al éxito general.

El neuroaprendizaje es una disciplina que explora cómo el cerebro procesa y retiene la información. Comprender los principios del neuroaprendizaje puede optimizar los métodos de enseñanza y formación, al considerar factores como la atención, la memoria y la motivación de los estudiantes.

En cuanto a las competencias estratégicas, estas se refieren a las habilidades y conocimientos que son cruciales para el logro de los objetivos estratégicos de una organización. La formación en competencias estratégicas asegura que los empleados estén alineados con la visión y misión de la empresa, lo que potencia su capacidad para contribuir al éxito global.

Por último, las competencias personales, también conocidas como habilidades blandas, son esenciales para el éxito en cualquier ámbito. La formación en competencias personales como la comunicación efectiva, el trabajo en equipo, la resolución de conflictos y la inteligencia emocional, mejora las relaciones interpersonales y el liderazgo.

Un enfoque estratégico de la gestión del capital humano se erige como una herramienta fundamental en la caja de recursos de cualquier entidad que persiga la optimización del desempeño de sus colaboradores y la concreción de sus objetivos empresariales. El desarrollo de capacidades profesionales, la trama de valores organizacionales y el equilibrio entre quehacer y vida - entrelazan su importancia capital en la tarea de retener el talento en el seno de una institución. Al destinar inversiones al fomento del crecimiento y bienestar de los integrantes, las compañías tienen la oportunidad de robustecer su competitividad, tejiendo un entorno propicio para el florecimiento y el compromiso a largo plazo del talento. No olvidemos que un Plan de Desarrollo Profesional reviste un carácter íntimo y ha de ser modulado conforme a las circunstancias y aspiraciones particulares. La flexibilidad y la disposición para ajustar el plan conforme evolucionen la trayectoria y las metas personales constituyen elementos de valía.

Recordar siempre que es necesario tener claridad hacia dónde queremos llegar, para eso, nunca se debe olvidar nuestro propósito, por tanto, recalquemos y recordemos los pasos efectivos para este plan:

1. Autoevaluación: Identificar habilidades, fortalezas, debilidades, intereses y valores. Reflexiona sobre lo que disfrutas hacer y en qué áreas te gustaría mejorar. Esto te ayudará a tener una visión clara de tus puntos fuertes y áreas de desarrollo.

2. Establecer objetivos claros: Definir metas específicas y alcanzables que desee lograr en su carrera. Estos objetivos deben ser realistas y medibles.

3. Investigación: Investigar las tendencias actuales en su industria o campo. Mantenerse al tanto de las nuevas tecnologías, habilidades y conocimientos relevantes que podrían ser importantes para el crecimiento profesional.

4. Desarrollar un plan de acción: Diseñar un plan con pasos concretos para alcanzar los objetivos. Esto podría incluir la adquisición de nuevas habilidades, la obtención de certificaciones, la búsqueda de oportunidades de capacitación o educación continua, la búsqueda de mentores, etc.

5. Identificar recursos: Encontrar recursos que ayuden a alcanzar los objetivos, como cursos en línea, talleres, libros, conferencias, grupos profesionales, etc. Aprovechar las oportunidades de aprendizaje tanto formales como informales.

6. Priorizar el equilibrio: Considerar, cómo el plan de desarrollo profesional encaja con los objetivos personales y estilo de vida. Es importante lograr un equilibrio entre el trabajo, el crecimiento profesional y la vida personal.

7. Establecer plazos: Asignar plazos realistas a los objetivos. Esto logra un enfoque y ayuda a medir el progreso a lo largo del tiempo.

8. Medición y seguimiento: Evaluar el progreso periódicamente. Revisar los objetivos y ajusta el plan si es necesario. Celebrar los logros alcanzados, incluso los pequeños, puede ser una gran fuente de motivación.

9. Networking: Construir y nutrir la red profesional. Conectar con colegas, mentores y personas influyentes en el área de acción puede brindar valiosas oportunidades de aprendizaje y crecimiento.

10. Adaptabilidad: El entorno laboral y las metas personales pueden cambiar con el tiempo. Mantenerse abierto a ajustar el plan de desarrollo profesional según sea necesario.

Recordar que el plan de desarrollo profesional es una herramienta dinámica. Se debe estar dispuesto a ajustar y modificar el plan a medida que se avanza y se enfrentan nuevos desafíos.

Espero que haya sido un gran viaje de aprendizaje organizacional...

Bibliografía

Koontz Weihrich, **(2008).** "administración: Una Perspectiva Global y Empresarial 13Ed."Mcgraw-Hill / Interamericana México.

Rafael Echeverria, **(2000).** "La Empresa Emergente" 1Ed."Granica /Chile.

Idalberto Chiavenato, **(2011).** "administración de Recursos Humanos el Capital Humano de las Organizaciones [9 edición]" ."Mcgraw-Hill / Interamericana México.

Mario Borghino, **(2022).** "El Arte de Hacer Preguntas" 1Ed." Debolsillo /México .

Gareth R. Jones **(2008) Teoría organizacional, 5ta Edición - ."Mcgraw-Hill / Interamericana México**

Cesar Piqueras **(2014). "Coaching de equipos" 1Ed." Profit editorial/ España**

Horacio Eduardo Cortese, **(2007). "Coaching y aprendizaje organizacional 1edición" ."temas de RRHH / Buenos Aires Argentina.**

Peter Senge, **(2012). "Quinta Disciplina, la: El Arte y la Práctica de la Organización Abierta al Aprendizaje " " Ediciones Granica, S.A..**

Idalberto Chiavenato, **(2011). "administración de Recursos Humanos el Capital Humano de las Organizaciones [9 edición]" ."Mcgraw-Hill / Interamericana México.**

José María Sainz De Vicuña Ancín, **(2017). " El Plan Estratégico en la Práctica"1edición. Temas empresariales Esic Editorial / España**

Gareth R. Jones **(2008) Teoría organizacional, 5ta Edición - ."Mcgraw-Hill / Interamericana México**

Fuente web: (https://negociosyempresa.com/como-hacer-un-plan-estrategico-de-recursos-humanos)

Diseño gráfico: Daniela Paz Fariña Yévenes

ACERCA DEL AUTOR

Director Ejecutivo y fundador de CMG Consultores. Doctor en Administración de Empresas (Universidad de Sevilla). Doctor en Psicología (Cambridge University). Magíster en Educación. (Universidad Mariano Egaña) Magíster en Terapia Gestalt. (Escuela Clínica y de Ciencias de la Salud). Hipnoterapeuta (Instituto de Hipnosis Clínica Chile). Postgrado en Desarrollo Organizacional. (Universidad de Chile). Diploma de especialización en Psicología Clínica (Universidad Andrés Bello) Diplomado en Psicoterapia Cognitivo Conductual (Academia Digital de Psicología y Aprendizaje -ADIPA) Coach Ontológico Acreditado (Ficop) - Master Coach (IAC). Especialista en Análisis de la conducta y detección de mentiras microfaciales. Analista certificado PDA (Personal Development Analysis)

Experto en gestión estratégica de personas con una amplia trayectoria en el ámbito de Recursos Humanos, Coaching, Capacitación y Consultoría, con un enfoque centrado en el diseño y ejecución de programas de capacitación que potencien áreas claves como Trabajo en Equipo, Habilidades de Liderazgo, Gestión del Cambio, Planificación Estratégica, Racionalización Organizacional, Servicio al Cliente y Gestión del Talento.

Habilidad para guiar procesos de resolución de conflictos, identificar necesidades de capacitación y optimizar procesos productivos. Asimismo, experto en diseñar estrategias de intervención en clima y dinámicas organizacionales, contribuyendo al crecimiento y éxito de las empresas y organizaciones.

Con Amplia experiencia en la facilitación de Equipos de Alto Desempeño, impulsando la colaboración y el logro de metas ambiciosas, basado en la optimización de recursos humanos y la potenciación de la gestión del talento.

En el ámbito docente, se ha desempeñado desde el año 1997 como académico de las cátedras de Desarrollo Organizacional, Tipologías Psicosociales, Coaching y Liderazgo, Administración de Empresas, Gestión del Talento Humano, Desarrollo de Habilidades de Liderazgo y Gestión de Equipos de Alto Impacto, para escuelas de pre y postgrado en la Universidad Nacional Andrés Bello, Universidad del Pacífico, UNIACC, Universidad Finis Terrae, Universidad Autónoma de Chile, Escuela Superior de Administración de Negocios (ESAN) Lima Perú. Asesor-Instructor en la Escuela de Investigaciones Policiales para el análisis de la conducta psicosocial.

Actualmente, miembro de FICOP (Federación Internacional de Profesionales de Coaching Ontológico) y de la IAC (International Association Coaching), siendo Trainer y facilitador Internacional acreditado, certificado y avalado para la formación de Coaches ontológicos y organizacionales.